EXERCICES CLASSIQUES

APPROPRIÉS

AUX CHAPITRES

DE L'"AIDE-MÉMOIRE"

DU JEUNE SOURD-MUET

PAR

A. BLAIN

POITIERS

TYPOGRAPHIE OUDIN ET Cie

4, RUE DE L'ÉPERON, 4

1891

EXERCICES CLASSIQUES

APPROPRIÉS

AUX DIVERS CHAPITRES DE L' « AIDE-MÉMOIRE » (¹)

Nota. — *Ce fascicule est le* LIVRE DE L'ÉLÈVE ; *les explications et les détails pratiques ont été, pour ce motif, rejetés aux dernières pages. C'est là que MM. les professeurs voudront bien se reporter s'ils désirent connaître le but et les moyens de cet ouvrage complémentaire du premier.*

Les exercices qui suivent — **sous forme d'essai** — *sont une indication de la variété qu'il est possible de donner à l'emploi de 3000 termes usuels groupés dans la* NOMENCLATURE ; *sur ces modèles et types le Maître saura en préparer d'autres encore, et il constatera que les divisions et subdivisions des 22 chapitres de « l'Aide-Mémoire » deviennent une mine inépuisable de leçons de choses.*

Pour l'intelligence du texte des lectures courantes, nous attachons une grande importance à l'usage fréquent, quotidien, de l'analyse élémentaire — grammaticale et logique. — Dans le but de rendre cette dernière plus facile et plus prompte sur l'ardoise, pendant les études, nous conseillons ces chiffres et initiales de convention :

1 Sujet.   Question *qui ?* avant le verbe.

2 Verbe.

3 Compl. dir.   —   *quoi ?* après le verbe.

4 Compl. indir.   —   *à qui ? à quoi ? de qui ? de quoi ? avec quoi ?*

5 Compl. circonst.	de temps. (5 t.)	Question : *Quand ?*
	de lieu. (5 l.)	— *Où ?*
	de manière. (5 m.)	— *Comment ?*
	de cause ; but. (5 c.)	— *Pourquoi ?*
	de quantité ; prix. (5 q.)	— *Combien ?*

A. Attribut (adjectif ou nom placé après le verbe ÊTRE et quelques verbes neutres).

---

(1) *Aide-Mémoire ou Petite Encyclopédie du jeune sourd-muet,* Poitiers, imprimerie Oudin, 1 fr. 60, par l'abbé A. Blain.

1

PLAN ET DIVISION DE L'« AIDE-MÉMOIRE »

QUESTIONS PRÉLIMINAIRES.

En combien de parties est divisée la *Petite Encyclopédie du jeune sourd-muet*? — Que comprend la *première* partie ? — Combien y a-t-il de chapitres dans la NOMENCLATURE ? — Quels sont les deux appendices faisant suite aux chapitres des noms ?

Que comprend la *deuxième* partie ? — Que renferme la *troisième* partie ou supplément ?

(Relire la préface de *l'Aide-Mémoire*.)

NOMENCLATURE.

L'élève apprendra et récitera de mémoire la série des chapitres de la nomenclature, et aussi le titre (ou sujet général) traité en chacun d'eux, afin de pouvoir y rattacher, par la classification et l'association des idées, les termes qu'il rencontrera au cours de ses lectures.

L'homme (Vie privée)

Chap.
- I. *Corps de l'homme.*
- II. *Age de l'homme.*
- III. *Famille de l'homme.*
- IV. *Nourriture de l'homme.*
- V. *Costume de l'homme.*
- VI. *Habitation de l'homme.*
- VII. *Santé de l'homme.*
- VIII. *Voyages de l'homme.*
- IX. *Religion de l'homme.*

X. **Vie sociale**
- Titres et dignités.
- Magistrature. — Justice.
- Instruction publique.
- Armée et Guerre.
- Affaires étrangères.
- Finances. — Travaux publics.
- Postes et Télégraphes.

- XI. *Professions libérales.*
- XII. *Professions manuelles.*
- XIII. *Terres. — Eaux.*
- XIV. *Noms abstraits* (qualités, défauts, etc.)

XV. Classiques.
- Histoire sainte.
- Histoire ancienne.
- Histoire de France.
- Géographie.
- Arithmétique.

Trois règnes de la nature.

Règne **animal.**
- Quadrupèdes.
- Oiseaux.
- Reptiles.
- Poissons.
- Insectes.

Règne **végétal.**
- Arbres.
- Arbustes.
- Plantes.

Règne **minéral.**
- Agriculture. — Sol.
- Indust. Pierres.
- Métaux.
- Combustibles.
- Sels. Fossiles.

A quel chapitre de la nomenclature rapportez-vous les mots : Mère, œil, lait, chaumière, béret, doigt, cocher, rhume, pâté, Abel, manteau, pain, couleuvre, cuivre, serrurier, gendarme, semaine, Dieu, chêne, frère, Charlemagne, addition, canon, timbre-poste, bas, mouche, écolier, avocat ?

CHAPITRE I. — Corps de l'homme (A. M. page 6).

Exerc. I. — Quelles sont les principales divisions du corps de l'homme ? Quelles sont les différentes parties de la tête ? du tronc ? Quels sont les membres inférieurs ? — Avec la peau et la chair quels autres éléments constitutifs trouve-t-on encore dans le corps humain ?

— *Désignez les divers membres et organes suivants* : le pied, la tête, la main, la bouche, l'épaule, l'oreille, le talon, la figure ou le visage, la jambe, l'œil, la peau, le nez, le mollet, le coude, les cheveux, le poignet, la langue, le bras, la paupière, l'ongle, le front ;

Le menton, les deux joues, la poitrine, la cheville, les narines, la hanche, le genou, les dents, le crâne, la gencive, le doigt, une phalange, le cou, le dos, les sourcils, le palais, la gorge, les cils, 1 orteil, la chair, la lèvre, l'avant-bras ;

Le cœur, le cerveau, les deux poumons, l'estomac, le foie, la rotule, une veine, le pouce, la pupille, les dents incisives, la plante du pied, la clavicule, les dents molaires, l'œil gauche, l'oreille droite, une phalange du pouce, l'ongle de l'annulaire, un os, le pavillon de l'oreille gauche, la gencive inférieure, la narine droite, le dos de la main gauche, le sens de l'odorat, l'organe de l'ouïe, le poing, les trois articulations du bras.

Exerc. II. — Le Maître montrera du doigt certains membres et organes ; l'élève les *nommera* — de vive voix ou par écrit — en employant, selon la circonstance, les adjectifs possessifs *mon, ton, son, votre*, ou la préposition *de* avec le sens de propriété (A. M. p. 64). Exemple : c'est *mon* bras ; vous touchez *votre* front ; vous frappez l'épaule gauche *de* Charles, etc.

Exerc. III. — CLASSIFICATION. *A quelle division générale du corps de l'homme et à quelle subdivision appartiennent les mots suivants* : le pied, les cheveux, la main, etc. (Voir **Exerc. I.**) Exemples : L'*estomac* appartient au tronc ; il est dans la poitrine. — Le *palais* appartient à la tête, c'est une partie de la bouche. — Le *sang* est dans tout le corps ; il coule dans les veines et les artères.

Exerc. IV. — *Adjectifs de forme et de couleur se rapportant à quelques organes.*

Parmi vos condisciples ou vos maîtres, désignez celui qui a :

— La *tête* ronde, allongée — crépue, chauve — droite, penchée — fixe, mobile (ou remuante) — coiffée, découverte — couverte, nue — grosse, petite, etc.

— La *figure* rose, brune, pâle — souriante, triste — fraîche, en sueur — barbue, imberbe — éveillée, endormie — gaie, ennuyée — lavée, malpropre — franche, sournoise — réfléchie, évaporée — calme, mutine — énergique, timide — amaigrie, bouffie — joyeuse, moqueuse — douce, irritée.

Les *yeux* noirs, bruns, gris, bleus — petits, grands — vifs, somno-

lente — fixes, mobiles — éveillés, mornes — fermés, à demi ouverts
— perçants, myopes.

— Les *cheveux* courts, longs — noirs, blonds, roux, châtains, grison-
nants, blancs — épais, rares — frisés, plats — mal peignés, pommadés,
ras, non coupés.

— La *bouche* large, petite — fermée, ouverte — souriante, sérieuse
— boudeuse, moqueuse — dédaigneuse.

— La *main* épaisse, effilée — blanche, rugueuse — saine, blessée —
souple, lourde — nerveuse, molle — adroite, maladroite — lavée, sale
— gantée, nue — fermée, ouverte — amicale, menaçante.

Le *corps* (ou taille) fluet, chargé d'embonpoint (gras) — élancé,
trapu — droit, penché, voûté — bossu, infirme — sain, malade.

Exerc. V. — Le maître indiquera 4, 8, 12 adjectifs parmi les précédents, avec lesquels l'élève formera un verbe et un nom dérivés.

EXEMPLE : *Long*, longueur, allonger. *Ouvert*, ouvrir, ouverture, etc.

Exerc. VI. — *Emploi des adjectifs précédents avec les comparatifs*
plus, moins (A. M., pag. 46).

Ex. Les cheveux de Gustave sont *plus* noirs que ceux (les cheveux) de
Léon. La main d'Auguste est *moins* forte que celle de Charles.

Composer 4, 6, 8 phrases avec l'un et l'autre comparatif.

Exerc. VII. — *Verbes.* 1° *Formation des temps principaux* (présent
passé indéfini, futur) *des verbes suivants* ;

EXEMPLE : *fermer*, je ferme, je fermerai, j'ai fermé. *Se souvenir*,
je me souviens, je me souviendrai, je me suis souvenu.

Manger, écrire, regarder, boire, se laver, parler, éternuer, dormir, se
plaindre, recevoir, cracher, descendre, prier, marcher, saluer, sortir,
pleurer, supplier, réfléchir, s'agenouiller, mentir.

2° *De quels organes l'homme se sert-il pour faire les diverses actions
exprimées par ces verbes ?*

EXEMPLE : Pour *manger* l'homme se sert de sa bouche et de ses dents.

Exerc. VIII. — *Verbes associés aux divers mouvements du corps.* —
Locutions usuelles que l'élève doit connaître pour les comprendre au
cours de ses lectures.

Le professeur, pour varier et graduer cet exercice :

1° Commandera l'action : « N... levez-vous. »

2° Fera rendre compte de l'action : « B... Dites-moi, qu'a fait N... ? »

3° Fera transmettre le commandement à l'élève par l'un de ses condisciples : « Paul, dis à N... de lever le bras droit. »

S'asseoir, se lever, sauter, tomber, se relever, marcher lentement,
marcher vite, courir, se dandiner, se coucher, s'agenouiller, se courber,
se baisser, se découvrir (la tête), boiter, se cacher, se blottir, se retourner,
s'affaisser, bâiller, rire, souffler, respirer doucement, respirer fortement,
parler, fumer, gesticuler, se moucher, cracher (dans son mouchoir), saluer,
embrasser, reculer, s'effacer.

Fermer la main gauche — montrer le poing — frapper du pied —

lever la main droite — étendre le bras — ouvrir la bouche — fermer les yeux — cligner les yeux — tourner la tête à droite, à gauche — indiquer du doigt — tirer la langue — porter la main à son front — marcher à reculons — marcher à grands pas — lever les yeux au ciel — fixer la terre.

Saluer de la tête — se frapper la poitrine — marcher sur la pointe du pied — appeler de la main — remuer la tête pour dire *oui*; pour dire *non* — mettre un genou en terre — pencher la tête à gauche — avancer la jambe droite et plier le genou (en deux mouvements) — tendre le dos — menacer du doigt — se tenir debout, les mains sur les hanches — être assis et croiser modérément les jambes — tendre la main à un ami — donner une accolade (embrasser).

Exerc. IX. — *Phrases à analyser.*

Le sang, dans les artères, est rouge. — Le sang, dans les veines, est noirâtre. — Les nerfs sont très nombreux dans le corps de l'homme. — Les cheveux protègent la tête. — Le cerveau est renfermé dans le crâne. — L'œil est recouvert par la paupière. — La prunelle de l'œil est mobile. — L'homme respire par la bouche et par les narines. — Les gencives recouvrent la racine des dents. — La main est attachée au bras par le poignet. — Les ongles de Jules sont sales. — Arthur nettoiera ses oreilles.

Les deux poumons sont cachés dans la poitrine. — Les artères conduisent le sang dans tous les membres. — Les veines ramènent le sang au cœur. — La main d'Octave est petite et propre. — Les aliments sont reçus dans l'estomac. — Vous avez marché lourdement sur le pied de votre voisin. — Ne portez pas la main à la bouche. — Les muscles sont des ressorts ; ils s'allongent ou se raccourcissent par les mouvements des membres.

L'œil est composé de cinq parties (cornée, iris, cristallin, corps vitré, rétine). — La main de ce maçon a été écrasée par une lourde pierre. — Nous avons deux oreilles. — Une balle de fusil a brisé la jambe droite de ce soldat.

Exerc. X. — *Ces mêmes phrases contiennent la réponse aux questions suivantes :*

A quoi servent les paupières ? — Les cheveux sont-ils utiles ? Pourquoi ? — De combien de manières l'homme peut-il respirer ? — L'œil est-il immobile et fixe ? — Que contient le crâne ? — Qu'y a-t-il entre le bras et la main ? — Voit-on la racine des dents ? Pourquoi ? — A quoi sert l'estomac ? — De combien de parties l'œil est-il composé ? — Un muscle conserve-t-il toujours la même longueur ?

Exerc. XI. — *Définition, position, usage des principaux organes :*

Ex. : Le *palais* est une partie de la bouche ; il sert à goûter les aliments. — Le *pied* est placé à l'extrémité de la jambe ; il sert à se tenir debout et à marcher.

La langue.... Les dents, la main, les poumons, le nez, les oreilles, les cheveux, les os, le cœur, l'épine dorsale, les lèvres, le larynx, le pharynx, le sang, les veines, les nerfs, etc.

CHAPITRE II. — Age de l'homme (A. M. p. 8).

Exerc. I. — *Durée des diverses unités ou mesures de temps — Apprendre la 1ʳᵉ colonne et répondre aux questions suivantes :*

Combien dure un jour complet ? — un siècle, une nuit, une seconde, le printemps, un lustre, une minute, une olympiade, une semaine, le mois de juillet, une saison, le mois de février, l'hiver (quels mois ?) — la journée du jeudi (sans la nuit), le mois de novembre, la journée du dimanche avec la nuit, l'automne, le mois de juin, l'été, les quatre saisons ? etc.

Exerc. II. — *Étude des heures marquées sur un cadran, en se servant d'un cadran grossier avec aiguilles libres.*

Combien y a-t-il d'aiguilles sur un cadran ? Sont-elles d'égale longueur ? Quelle est l'aiguille qui marque les heures ? Quelle est l'aiguille qui indique les minutes ? A six heures, sur quel chiffre est placée la *petite* aiguille ? à 4 heures ? à 11 heures ? à 1 heure ? à *midi* ? à 8 heures ? à *minuit* ?

A 1 heure, sur quel chiffre est placée la *petite* aiguille, et sur quel chiffre est placée la *grande* aiguille ? Combien de minutes sont marquées (ou passées) par la grande aiguille lorsqu'elle va du chiffre 12 au chiffre 1 ? Combien de minutes, lorsqu'elle parcourt l'espace de 2 chiffres, l'espace de 3 chiffres, l'espace de 9 chiffres, l'espace des 12 chiffres du cadran ?

Quelle heure est-il lorsque la *petite* aiguille est sur le chiffre 2 et la *grande* aiguille sur le chiffre 1 ? — petite aiguille sur 5 et grande aiguille sur 4 ? — petite aiguille sur 6 et grande aiguille sur 12 ? — petite aiguille sur 12 et grande aiguille sur 12 ?

Où sont les deux aiguilles à 7 heures 25 minutes ? à 2 h. 40 m. ? à 11 h. 5 m. ? à 3 h. 30 m. ? à 10 heures 55 ? à minuit ? à 5 h. 25 ? à 3 h. 45 ? à 8 h. 10 ? à 1 h. 5 ?

Quel autre nom donne-t-on à une durée de 15 minutes ? (*quart d'heure*) — de 30 minutes ? (*demi-heure*) — de 45 minutes ? (*trois quarts*) — Où sont les deux aiguilles à 7 h. et quart ? à 1 h. et demie ? à 8 heures trois quarts ? à midi et demi ?

Où sont les aiguilles à 11 heures *moins* 10 minutes ? à 4 h. moins 25 m. ? à 1 h. moins 5 ? à 9 h. moins un quart ? Où est la grande aiguille à 11 h. 27 minutes ? à 2 h. 16 ? à 6 h. 32 ? à midi moins 4 minutes ?

Exerc. III. — *Subdivision du temps.*

Les élèves plus avancés s'exerceront à résoudre de petits problèmes se rapportant à cette question. Ex. : Une semaine se compose de 7 jours : la durée d'un jour complet est de 24 heures ; combien y a-t-il d'heures dans une semaine ? *Rép.* 7×24 = 168 heures.

Combien compte-t-on de jours (environ) dans une saison ? — Combien de minutes dans un jour ? Combien de mois dans un lustre ? Combien d'olympiades dans un siècle ? Combien d'heures dans une année ? Combien de minutes dans une nuit ? Combien de secondes dans une heure ? Combien d'heures dans le mois de février ? Combien de siècles depuis *l'ère* chrétienne ? Combien de minutes dans une semaine ? Combien d'heures de nuit dans le mois de mars ? etc.

Exercice IV. — *Classification. A quel chapitre (division et subdivision) se rapportent les mots suivants ?* Chaumière, gendre, charrue, fer (*règne minéral, métaux*), caporal, oncle, aveugle, David, poirier, Paris, église, historiens, sourcils, mardi, Symbole des apôtres, route, gilet, fauteuil, biscuit, porte-plume, etc.

Exerc. V. — *Adverbes et locutions de temps.* (A. M. p. 58.)

Les élèves se familiariseront avec les locutions adverbiales de temps et se rappelleront les trois remarques suivantes :

1° La question, **quand** ? indique le moment précis (passé, présent, futur) où un fait s'accomplit.

2° La question **depuis quand** ? indique le moment précis où a commencé un fait qui dure encore. Ex. : Depuis *quand*, depuis combien de temps êtes-vous malade ?

3° La question **pendant combien de temps** ? indique la durée d'une action ou d'un fait. Ex. : *combien de temps serez-vous absent ?*

1° — *L'élève indiquera de mémoire 2, 4, 6 locutions adverbiales se rapportant* : 1° au temps passé, au temps présent, au temps futur ; 2° à la fréquence et répétition des actes ; 3° à la succession et durée.

2° — *A quelles dates du calendrier* (quantième et jour de la semaine : Ex. : hier, c'était dimanche, 26 avril) *se rapportent les expressions suivantes ?* Il y a trois jours — après-demain — avant-hier — de demain en huit jours — il y a cinq jours — dans une quinzaine — hier — il y a eu hier huit jours — d'aujourd'hui en trois semaines — samedi dernier — dimanche prochain — dans trois jours — à la huitaine — la veille de votre dernière promenade — de mercredi prochain en huit jours — le lendemain de votre prochain congé ?

3° — Où étiez-vous *il y a une heure ?* qu'avons-nous fait *il y a un instant ? Présentement* que fait votre voisin de droite ? *Quand* a eu lieu votre dernière promenade ? (il y a... jours, ou jeudi dernier). *Quand* avez-vous vu la dernière fois M. le directeur ? *Quand* a commencé la classe ? *Depuis combien de temps* dure la classe ? *Quand* a eu lieu la première récréation de ce jour ? *Combien* a-t-elle duré ? *Quand* est arrivé le dernier anniversaire de votre naissance ? Quel âge avez-vous ? Combien de lustres ? Combien de mois ? *Quand* ont fini les vacances ? Depuis combien de mois êtes-vous rentré à l'Institution ?

4° — Combien a duré la dernière étude ? Dans combien de temps finira la classe ? Quand avez-vous reçu la dernière visite de vos parents ? Depuis combien d'années avez-vous fait votre première communion ? Depuis combien d'années avez-vous reçu le baptême ? Il y a deux jours, a-t-il plu ? Quel événement important a eu lieu à l'Institution il y a quelques semaines — quelques mois — l'année dernière ? Quand ferez-vous la prochaine composition ? Combien de fois avez-vous été puni depuis un mois ?

5° — **Fréquence.** *L'élève emploiera quelques-uns des adverbes de temps* *de la quatrième colonne (page 58) en compo... t des phrases dans lesquelles il fera entrer un des mots suivants :* Mère (Ex. : ma mère est venue rarement à l'Institution), tonnerre, loup, grêle, plume, agneau, surveillant, directeur, pluie, bateau, chapelle, paletot, pain, maçon, promenade, médecin, charrette, jardin, souliers, soldat, prière, soleil.

6° *Décrire l'emploi de la journée d'hier en employant les adverbes de succession et de durée de la cinquième colonne A. M. p 58.*

EXEMPLE : je me suis éveillé le matin à... heure, *puis... ensuite...* etc.

7° *À quel moment ou à quelle heure de la journée correspondent les expressions suivantes ?* À l'aurore. Dans l'après-midi. Au crépuscule. Dé l'aube. Au soleil couchant. La méridienne. À la brune. Au petit jour. Au lever du soleil. En pleine nuit. Entre chien et loup. À la chute du jour.

Exerc. VI. — *L'élève désignera parmi les personnes connues de lui :* Un jeune homme, un vieillard, un enfant, une dame âgée, un bébé, une personne au printemps de la vie, une personne au déclin de la vie, une personne arrivée à la maturité de l'âge — une personne au début de la vie — une personne dans la force de l'âge — une personne succombant sous le poids des années — un moribond — une mourante — une morte — un monsieur — une demoiselle — une personne arrivée au terme de son existence — un adolescent — un enfant au berceau.

EXEMPLE : Connaissez-vous un vieillard ? Quel est son nom ? Quel âge a-t-il (environ) ? Où demeure-t-il ?

Le but de ce dernier exercice est de familiariser l'élève avec les diverses expressions en usage dans les récits, et qu'il rencontrera souvent au cours de ses lectures.

CHAPITRE III. Famille de l'homme (A. M., p. 9).

Exerc. I. — *Questions concernant la famille.*

Votre père est-il encore vivant ? Où habite-t-il ? — Votre mère vit-elle encore ? — Êtes-vous orphelin de père ou de mère ? — Avez-vous des frères ? Combien ? — Avez-vous des sœurs ? Combien ? Avez-vous un frère aîné ? comment s'appelle-t-il ? — Avez-vous une sœur cadette ? quel est son nom ? — Quel est le *Benjamin* de votre famille ?

Avez-vous un frère marié ? comment s'appelle votre *belle-sœur* ? — Avez-vous une sœur mariée ? comment s'appelle votre *beau-frère* ? — Avez-vous un oncle ? est-il veuf ? — Avez-vous une tante ? est-elle veuve ? — Votre oncle et votre tante ont-ils un fils ? comment s'appelle ce cousin ? — Votre tante a-t-elle une fille ? comment s'appelle cette cousine ? — Avez-vous encore un grand-père, une grand'mère ? — Connaissez-vous l'âge de votre père, de votre mère ? — Quel est leur nom de baptême ? — Quand célébrez-vous leur fête ? — En quelle année êtes-vous né ? — Quel saint est votre patron ? — connaissez-vous son histoire ?

Exerc. II. — *Parenté. L'élève complétera les phrases suivantes :*

Le père de ma mère est mon grand-père (aïeul) *maternel* ; le père de mon père est mon...... La mère de mon père est ma..... La mère de ma mère est ma...... Le frère de mon père est mon *oncle* ; le frère de ma mère est aussi mon..... La sœur de mon père est ma tante ; la sœur de ma mère est aussi...... Le fils de mon oncle et de ma tante est mon...... La fille de mon oncle est ma......

Le fils de mon oncle est le *neveu* de mon père et de ma mère ; la fille de ma tante est la..... de mon père. Je suis le..... de mon oncle. La femme de mon frère est ma.... sœur. Le mari de ma sœur est mon....... La femme de mon frère est la bru de mon père et de ma mère ; le mari de ma sœur est le..... de mon père et de ma mère.

Nota. 1· Une personne a pour *ascendants* son père et sa mère, ses grands-pères, ses aïeux, ses ancêtres.

2º Une personne a pour *descendants* ses enfants, ses petits-enfants, ses arrière-petits-enfants. On appelle *ligne directe* la ligne de parenté qui va des ascendants aux descendants, c'est-à-dire des aïeux aux arrière-petits-fils.

3º Une personne a pour *collatéraux* ses frères et sœurs, ses oncles, ses cousins, ses neveux, ses petits-neveux. C'est la ligne *collatérale*.

Exerc. III. — *Classification. A quel chapitre de la nomenclature (division et subdivision) appartiennent les mots suivants :* Escalier, ravin, jardinier, faucille, lanterne, foie, pont, mortier, Clovis, multiplication.

Exerc. IV. — *L'élève soulignera les compléments déterminatifs répondant à la question quel ? quelle ? Ces compléments peuvent être un adjectif qualificatif — ou un nom — ou une préposition entière commençant par un pronom relatif qui — que — dont, etc. (A. M. p. 67 et 68).*

Victor, à l'école, est toujours le défenseur de son petit frère. Jules, enfant bien élevé et respectueux, apporte à son grand-père le bâton qui soutient sa marche et les lunettes dont ses mauvais yeux ont besoin. J'ai reçu de mon oncle, en cadeau, une montre d'argent, à remontoir. Esaü avait vendu son droit d'aînesse en échange d'un plat de lentilles ; il eut bientôt un vif regret de ce sot marché.

Parmi les membres d'une famille très unie, tout est partagé : les joies et les tristesses, les distractions et le travail, les fêtes et les deuils. Heureuses les familles qui ont pour principal héritage un nom honorable et les exemples d'une vie chrétienne !

Exerc. V. — *La réponse aux questions suivantes sera empruntée aux conseils ajoutés au chapitre III, en notes :* Que doit faire à son réveil un enfant bien élevé ? — Quand doit-il accomplir ce devoir ? — Pourquoi convient-il d'être respectueux et reconnaissant ? — Que recevez-vous de vos parents ? — Qui est assez puissant pour leur conserver la vie et la santé ? — Que ferez-vous pour eux pendant que vous êtes jeune ? — Que ferez-vous plus tard ? — Quels sont les devoirs d'un frère aîné envers ses petits frères et ses petites sœurs ?

CHAPITRE IV. — Nourriture de l'homme (A. M., p. 10)

Exerc. I. — *En étudiant ce chapitre avez-vous remarqué :*
— *les aliments divers ?* Désignez les principales variétés (divisions de la 1re colonne).
— *les assaisonnements ?* Quels sont-ils ?
— *les légumes ?* Nommez les plus connus.
— *les boissons ?* Combien en connaissez-vous ?
— *les liqueurs ?* Donnez le nom de quelques-unes.
— *les noms des différents repas ?* Citez-les.

Exerc. II. — *Classification (de mémoire).*
Ex. : un *pigeon* est une volaille ; le *veau* est viande de boucherie ; un *gâteau* est une pâtisserie pour dessert.

Une collation — une alouette — l'eau — l'écrevisse — une bouteille — le thé — un artichaut — la moutarde — une sole — un navet — l'alcool — un banquet — une julienne — une huître — le cassis — une noce — le cidre — un goujon — un levraut — une andouille — l'ail — un din-don — le pain — l'huile — une noix — un consommé — un sanglier — le chocolat — le raisiné — un foudre — la tomate — un goûter — une pêche — le hareng — la bouillie — le cerfeuil — une orange — une barrique — la carpe — le fromage, etc., etc.

Exerc. III. — 1° *L'élève associera à quelques noms du chapitre IV les adjectifs suivants, en composant une phrase complète qui exprimera autant que possible un fait, un incident dont il aura été témoin.*
Ex. : Georges, pressé par la soif, a bu imprudemment une eau *bourbeuse*. Le domestique nous a servi aujourd'hui du pain *frais*.

Mûr — bourbeux — sucré — trouble — bis — chaud — vert — salé — copieux — froid — brûlé — fade — bouilli — clair — grillé — dur — gâté — naturel — falsifié — rôti — saignant — conservé — blanc — aigre — frit — tendre — épicé — amer — pur — mélangé.

2° L'élève composera 2-4-6 phrases comprenant deux adjectifs opposés (ou contraires) de la série ci-dessus.
EXEMPLE : Quelques personnes aiment le café *amer* ; d'autres le préfèrent *sucré*.

Exerc. IV. — *Origine et composition des aliments.*
Exemples : Le *pain* est fait avec la farine de froment (ou avec le blé). On récolte le blé dans les champs.

Le *vin* est fait avec du raisin que l'on cueille dans les vignes.

Le *saumon* est un poisson que l'on pêche dans les fleuves et les grandes rivières.

La crème, le cidre, le vinaigre, une saucisse, la pâte, les confitures d'abricots, un gigot, une purée, les œufs au lait, les choux, la moutarde, la charcuterie, le potage gras, une côtelette, la bière, la pomme de terre, l'écrevisse, la moule, un œuf, le raisiné, le café, le sucre, un melon, le

salé, un pigeon, un pâté, les épices, l'huile, la sardine, une julienne, le
fromage. le céleri, la raie, etc.

Exerc. V. — *A quelle partie de l'alimentation se rapporte le travail
des diverses professions suivantes ?*

Le laboureur travaille pour le *pain* en semant le blé ; la laitière travaille pour le laitage ; le brasseur.... ; le chasseur ; le berger ; le tonne-
lier ; le charcutier ; le jardinier ; la maîtresse de ferme ; le moisson-
neur ; le confiseur ; l'épicier ; le cuisinier ; le meunier ; le fabricant de
filets ; le boucher ; la glaneuse ; la vachère ; le chevrier ; le sommelier ;
l'arquebusier ; le restaurateur ; le boulanger ; le raffineur ; le pâtissier ;
le marchand de conserves ; le capitaine d'un navire de commerce (apporte en France les denrées coloniales) ; le liquoriste ; le porcher ; le fabricant de bouchons.

Exerc. VI. — *Que l'enfant retienne quelques formules variées pour
demander poliment les aliments dont il a besoin.*
— Ma mère, voulez-vous me couper un peu de pain, s'il vous plaît ?
— Donnez-moi, je vous prie, un peu de soupe.
— Je désirerais un peu de vin ; voudriez-vous m'en verser ?
— Je vous prie de graisser ma tartine, de *beurre,* de *pâté,* de *confiture,* de
fromage.
— Permettez-moi de prendre des haricots.
— Donnez-moi un peu de viande, s'il vous plaît.
— Je prends un fruit ; le voulez-vous ? (voulez-vous me le permettre ?

Exerc. VII. — Pour aider au développement d'une idée (A. M. p.70)
et à la composition correcte de petites phrases, le professeur, dans l'emploi de chacun des verbes suivants : (*semer — faire paître — vendanger
— chasser — moissonner — faire cuire — planter*), exigera que l'élève
réponde aux six questions :

1° Quelle personne ?	4° Quand ?
2° Quelle chose ?	5° Par quels moyens.
3° Où ?	6° Pourquoi ?

Avec les réponses à ces questions le jeune écolier aura les éléments de
phrases très complètes.

Exemples : pour le verbe PÊCHER :
1° *Quelle personne* a pêché ? C'est un jeune homme — ou un père de
famille — ou, etc...
2° Qu'a-t-il pêché ? Une anguille — ou un saumon — ou un brochet.
3° *Quand* a-t-il pêché ? — Lundi matin — ou hier dans l'après-midi,
— ou la semaine dernière...
4° *Où* était-il pour pêcher ? — Monté sur une barque... ou assis
sur la berge... nu-jambes dans l'eau...
5° *Par quels moyens ou instruments* (page 27) ? au moyen d'une
nasse... à la ligne flottante, ou bien à l'épervier... au carrelet...
6° *Pourquoi* se livrait-il à la pêche ? — Pour son agrément — ou

pour vendre au marché son poisson... ou pour l'offrir à une famille, en cadeau.

Ces diverses réponses donneront les éléments d'une phrase un peu développée. Par exemple : *Lundi matin, dès le lever du soleil, Etienne N..., maçon sans ouvrage, était allé à la pêche. Monté sur le bateau d'un de ses voisins, il put, d'un coup d'épervier, amener un superbe brochet qu'il offrit en cadeau à son propriétaire pour le disposer à n'exiger le loyer de sa maison que dans trois mois.*

Exerc. XIII. — *Quelques verbes associés aux divers noms de ce chapitre.*

Le but de cet exercice est de fournir à l'élève une variété de formes usuelles de langage.

Pain. Labourer — semer — herser — couper, moissonner — battre — moudre — bluter — pétrir — enfourner — cuire — sortir du four — manger de bon appétit — dévorer à belles dents — gagner — mendier.

Viande. Engraisser les animaux de boucherie — abattre — saigner — dépecer — détailler — faire bouillir ou rôtir — découper — servir — désosser — hacher — assaisonner.

Volaille. Elever — engraisser — soigner — pondre — faire couver — mettre la poule au pot — plumer — flamber — découper.

Gibier. Chercher — poursuivre — perdre la trace — faire lever — tirer au vol — manquer — toucher — surprendre au gîte — chasser à courre — chasser au chien couchant — prendre au filet, au piège, dans un terrier — faire faisander.

Poisson. Appâter — prendre à la ligne — jeter l'épervier — tendre les nasses — conserver le poisson dans un vivier — le faire frire.

Vin. Planter la vigne — bêcher — tailler — soufrer — laisser mûrir le raisin — épamprer — vendanger — porter au pressoir — fouler — laisser bouillir — tirer — soutirer — mettre le vin en bouteilles — déboucher — déguster — le vin aigrit.

Nota : L'élève devra comprendre et se rendre familières ces expressions ; puis, utilisant ces données, selon son degré d'avancement, il composera des propositions simples ou complexes, et aussi de petits récits.

Exerc. IX. — *Analyse abrégée des propositions suivantes :*

Le renard, le putois et la fouine ravagent fréquemment les basses-cours. — Les canards plus que les oies aiment le voisinage des mares afin d'y barboter. — Le cerf fuit rapidement, poursuivi par la meute. — La chasse au sanglier est rarement faite sans danger. — Le boucher conduit de temps en temps des bœufs et des veaux à l'abattoir. — De nombreuses barques vont chaque jour à la pêche de la sardine. — Les harengs que les pêcheurs salent dans les barils sont la richesse des Hollandais. Quatre-vingt-seize grands navires sont occupés à cette pêche. — Le homard et l'écrevisse, par la cuisson, deviennent rouges. — Sur le bord de la mer, l'huître est attachée à des rochers et à des fascines dans des parcs que l'on entretient avec soin.

Les populations du Nord boivent beaucoup de bière et peu de vin. — La boisson la plus ordinaire en Normandie est le cidre. — Le poivre, le sucre, les clous de girofle sont apportés en France par des navires de commerce. — On fait réveillon au milieu de la nuit de Noël. — Dans les pays vignobles, les chais (ou caves) sont remplis de tonneaux, de foudres, de barriques.

Exerc. X. — *Intelligence du texte précédent.*

Quels sont les poissons qui, à la cuisson, changent de couleur? Quand la figure rosée d'un enfant devient-elle tout à coup blême? — Quels sont les assaisonnements qui viennent des îles lointaines? Les œufs au lait et les plats de crème viennent-ils des îles lointaines? — Où pêche-t-on les moules et les huîtres? — Dans nos pays, quelle est une des chasses dangereuses? — Quel est le petit poisson de mer que l'on conserve en grande quantité? — Quand le chasseur a-t-il besoin d'un cheval agile? — Quels sont les ennemis ? ....its poulets?

Pourquoi les peuples du Nord boivent-ils peu de vin? Quel arbre, en Normandie, remplace la vigne? — Où barbotent les canards? — Où vont les centaines de barques qui, chaque matin, quittent les côtes de l'Océan pour revenir le soir? — Quel est le bourreau et le lieu de supplice des veaux et des bœufs?

Exerc. XI. — *Variété des adverbes d'affirmation et de négation* (A. M. p 59).

L'élève composera avec des noms empruntés au chap. IV quelques phrases (3,5,8) dans lesquelles il introduira, en les variant, les adverbes d'*affirmation* et de *négation*, afin de bien en comprendre la signification.

CHAPITRE V. — Costume de l'homme (A. M., p. 12).

Exerc. X. — NOMENCLATURE. Nommez de mémoire 4,6,8 pièces du costume de l'homme ; 4,6 pièces du vêtement de la femme ; quatre coiffures différentes. — Comment appelle-t-on la coiffure du *juge*, du cuirassier, du soldat, du prêtre dans l'église, de l'évêque, du pape, d'un roi, d'une dame, d'un malade ?

Nommez et désignez les différentes parties d'un soulier — quelle chaussure convient, l'hiver? — dans les appartements ? — au travail du jardin ? — les jours de fête ? — au pauvre religieux ? — au gendarme ? — au pape ?

Avez-vous quelques pièces de votre vêtement en *linge ?* Lesquelles ? — Désignez quatre parties d'une montre ; trois objets de toilette.

Qu'est-ce que la soie ? l'alpaga ? la fourrure ? le lin ? le coton ? la laine ? le mérinos ? le velours ? le fil ? — Indiquez les principales nuances de la couleur *rouge, bleu, vert.*

Exerc. XI. — CLASSIFICATION. *A quelle division et subdivision du chapitre doit-on rapporter les noms suivants :* Bague, pèlerine, escarpin, serviette, bottine, toge, gants, veston, chaîne de montre, cimier, bas, faux col, casque, chapeau, diamants, capeline, empeigne, médaillon, mitre, pantoufle, mouchoir, bracelet, sandale, tablier, semelle, basques, toque, mouchoir, diadème, manchette, tunique, corset, pardessus, couronne, remontoir, chapeau, dentelles, jupon, botte, alliance, chaussette, caleçon, jaquette, manteau ? etc.

Exerc. III. — *Adjectifs de forme, de couleur, etc., se rapportant aux vêtements.*

Etroit, large, — ouvert, fermé, — long, court, — empesé, défraîchi, — — serré, lâche, — en avance, en retard, — ciré, poudreux, — luisant, boueux, — à taille, ballant, — uni, à côtes, — ferré, sans clous, — neuf, usé, — frais, déchiré, — effilé, rebordé, — bleu, marron, grenat, violet, etc., — rude, soyeux, — sali, lavé, — agrafé, détaché, — montant, décolleté, — clair, foncé, — taché, nettoyé.

1° Composer avec ces adjectifs et quelques noms de vêtements 4,6,8 phrases exprimant un fait observé et constaté par l'enfant. EXEMPLE : le col de la tunique d'Octave est taché. Georges, tes souliers sont boueux. Mon voisin de droite porte une chemise empesée.

2° Avec les mêmes éléments, composer 4,6,8 phrases dans lesquelles entrera le comparatif *plus.... que; moins.... que* (A. M., p. 46). EXEMPLE : ton pantalon est *moins* foncé *que* celui de Paul.

3° Composer 2,4,6 phrases avec le comparatif d'égalité *aussi... que : Ta blouse est aussi tachée que la mienne.*

4° Composer 2,4,6 phrases avec l'adverbe *trop.*

Exerc. IV. — *Verbes se rapportant plus particulièrement à la confection et à l'entretien du costume.*

Coudre, repasser, tailler, couper, repriser, border, faufiler, broder, cirer, ourler, doubler, teindre, ressemeler, empeser, faire reluire, savonner, apprêter, brosser, plier, suspendre, soigner, prendre, quitter, détacher, nettoyer, dégraisser, retourner, essayer, attacher, boutonner, agrafer, briser, ternir, déchirer, etc.

Ces verbes seront employés, concurremment avec des compléments circonstanciels de *temps*, de *lieu*, de *manière*, dans des phrases composées par l'élève.

Exerc. V. — *Nature, matière, étoffe des diverses parties du costume.*
EXEMPLE : le pantalon que j'ai porté dimanche est *de laine.*

Chemise, blouse, gilet, chaussette, paletot, chapeau, aiguilles de montre, talon de soulier, talon de sabot, mouchoir, etc., etc.

Exerc. VI. — *Pour quelle partie du costume travaillent les ouvriers ou marchands suivants* (A. M., p. 28) ?

Le cordonnier fait (ou vend) des chaussures ; la modiste ; le tanneur ; le tisserand ; l'horloger ; le corroyeur ; la couturière ; le filateur ; le tailleur ; le bijoutier ; le marchand de nouveautés ; le peaussier ; le sabotier ; le marchand de confections ; le joaillier ; le ressemeleur ; le chemisier ; le mercier ; la lingère ; la lavandière ; la fleuriste ; la repasseuse ; le chapelier ; le teinturier ; le mégissier ; la buandière, etc.

Exerc. VII. — *Texte que l'enfant devra s'efforcer de comprendre en s'aidant de la double analyse grammaticale et logique.*

Pendant l'hiver, les mères de famille sortent des placards les vêtements de laine, les manteaux et les fourrures. — Les médecins conseillent aux malades le *molleton* et la flanelle. — L'été, les vêtements blancs ou gris nous échauffent moins que les costumes noirs et de couleur foncée. — Presque tous les tailleurs, actuellement, se servent de la machine à coudre pour la confection des vêtements. — Les Américains, gens industrieux, ont introduit, depuis quelques années, l'usage de faux cols et de manchettes en papier durci imitant la toile.

Dans le *Midi* de la France et en Espagne, de nombreux jeunes gens sont coiffés d'un béret, tandis que les femmes du peuple (peu riches) portent le capulet (voile ou capeline). — De toutes les machines, la montre est la plus petite ; admirez avec quelle précision l'horloger a disposé les dents des roues, les pivots, le balancier ! — Le petit balancier d'une montre fait cinq mouvements, environ, pendant une seconde ; et pendant une année il fait entendre son *tic-tac* 157 millions de fois, et plus. Un point du cercle jaune de ce même balancier, en tournant sur lui-même, parcourt 6 kilomètres dans un seul jour ; en 16 ans, il aura parcouru un chemin égal à la circonférence de la terre (10.000 lieues).

Les petits enfants, dans la campagne, portent en hiver des vestes d'une grosse étoffe de laine appelée *droguet ;* ce vêtement garantit leurs bras et leur poitrine des rigoureux froids de la saison. — Les paysans, pour le travail des champs, préfèrent, avec raison, leurs sabots aux élégantes bottines des *citadins*. — Le Lyonnais Jacquart inventa, au siècle dernier, un métier qui tissait rapidement les étoffes destinées aux vêtements.

Les teinturiers teignent les étoffes avec des couleurs empruntées aux *végétaux* et aux *minéraux*. Les principales plantes pour la teinture sont : la *garance* qui donne le rouge; la *carthame* qui donne le jaune et le vermillon ; le *nerprun* qui donne le vert foncé ; l'*orseille* qui donne le violet ; l'*indigo* qui donne le bleu ; le *campéche* qui donne le roux ; le *safran* qui donne le jaune. — Par leurs savantes études et leurs expériences, les *industriels* ont trouvé dans la distillation de la houille un liquide (*aniline*) avec lequel on obtient les nuances les plus vives et les plus variées en le mélangeant à différents acides. — Les anciens ont découvert par hasard, sur le bord de la mer, un petit coquillage qui produit la belle couleur *pourpre*.

Exerc. VIII. — Qu'est-ce que le *droguet* ? Qui fait usage de cette étoffe ? Quel est le premier bijou désiré par les jeunes enfants lorsqu'ils ont fait leur première communion ? Où trouve-t-on des personnes coiffées d'un béret ? Quelle chaussure convient dans les jardins, à la campagne ? Qui fut l'inventeur du tissage mécanique ? Quel chemin parcourt le balancier d'une montre pendant 8 ans ? Quel est le minéral qui produit les plus riches nuances dans les couleurs ? Quelle est l'utilité des machines à coudre ? Quels sont les vêtements les plus *hygiéniques* (utiles à la santé), l'hiver ? Quels sont les trois instruments d'acier dont se sert constamment une couturière ?

Exerc. IX. —*Origine et principales transformations des objets suivants:*
Nota. — L'élève devra dire où se trouve la *matière première*, et, s'il le sait, par la main de quels ouvriers elle passe avant de servir à nos usages. EXEMPLE : L'étoffe de *coton* de ma blouse. Le coton est le duvet d'une plante (cotonnier) qui mûrit dans les pays chauds ; un filateur a tissé l'étoffe ; un teinturier l'a teinte en noir ; une couturière l'a taillée et cousue.

Le drap d'une redingote — l'aiguille qui sert à coudre (A. M., p. 43, note) — le dé — la soie — le cuir des souliers — le velours du col d'un manteau — les boutons jaunes d'une tunique — les boutons blancs d'une chemise — les boutons bruns ou noirs d'un pantalon — la baleine d'un corset — les caoutchoucs d'une bottine — un tricot de laine.

Le bois d'un sabot — la fourrure d'un manchon — le verre d'une montre — les perles d'une parure — le diamant du chaton d'une bague — la dentelle d'une nappe d'autel — le cuir-laine d'un pantalon — le boîtier d'une montre d'argent — la tapisserie d'une pantoufle — le poignet d'une chemise de lin — les tiges d'une botte — les clous d'un soulier — le lacet d'un brodequin — etc.

CHAPITRE VI. — Habitation de l'homme
(A. M., p. 14).

Exerc. I. — *L'élève remarquera que la classification des noms de ce chapitre renferme 13 divisions distinctes qu'il devra réciter à la demande du Maître :*

1° Maisons privées ou séjour ordinaire de l'homme ;
2° Édifices ayant un caractère religieux ;
3° Maisons collectives pour certains groupes de personnes ;
4° Détails d'une maison riche ou château — avec des expressions que l'on retrouve dans l'histoire de France ;
5° Corps ou enveloppe extérieure de la maison... etc., etc., etc.

Exerc. II. — *A laquelle de ces divisions se rapportent les noms suivants ?*

Hôtel, peinture, bougie, persienne, créneau, couvent, dortoir, puits, flambeau, cendre, charbon, cuisine, bûcher, hutte, caserne, crèche, zinc, fossé, lingerie, lanterne, ardoise, potager, couvert, bibliothèque, fauteuil, couvre-pied, villa, combles, fourneau, hamac, sous-sol, gond, tapis, amadou, tour.

Tuile, pétrole, oreiller, chenets, buffet, aquarium, caisse, cuvette, carafe, glace, rasoir, mortier, bois de lit, buanderie, pavé, cloison, douve, escalier, perron, métairie, magasin, séminaire, oratoire, institution, serrure, usine, grille, mosquée, etc.

Exerc. III. — *Désignez de mémoire : 3, 5, 8 noms d'habitations* privées. — parties d'appartement — matériaux — parties d'un château — édifices religieux — détails du corps d'une maison — habitations collectives — appareils de chauffage — détails d'une porte — détails d'une fenêtre — d'une cheminée — appareils d'éclairage — détails d'une toiture de maison.

Désignez 4, 6, 8 meubles d'une cuisine — d'une salle à manger — d'un cabinet de travail — d'un salon — d'une chambre à coucher ou dortoir — d'un magasin — d'un atelier.

Où trouve-t-on dans une maison : un sommier ? un contrevent ? — un parquet ? — un fourneau ? — un soufflet ? — une crèche ? — un fagot ? — un verrou ? un filtre ? — un drap ? — une vitrine ? — une alcôve — une bougie ? etc.

Exerc. IV. — *Nature et usages des objets désignés par les noms suivants :*

EXEMPLES : Qu'est-ce qu'un *donjon* ? c'est la grande tour d'un château. — Qu'est-ce que l'*ardoise* ? c'est une pierre plate et mince qui sert à couvrir la toiture. — Qu'est-ce qu'un *presse-papier* ? c'est un meuble de bureau.

Le moellon ; un bûcher ; un soupirail ; une tente ; un fourneau potager ; un candélabre ; l'espagnolette ; les vitres ; une mansarde un atelier ; une usine ; un réchaud ; un dessous-plat ; une écurie ; une chaise ; une main courante ; le ciment ; une persienne ?

L'infirmerie ; les combles ; une chandelle ; une girouette ; une maison de ville ; une villa ; un presbytère ; un pont-levis ; une caserne ; une maison de maître ; une métairie ; une mosquée ; un stère ; la brique ; un monastère ? etc.

Exerc. V. — *Topographie. Position d'une maison* (A. M., p. 73 et 56, adverbes de lieu).

Nota. — L'élève consultant ses souvenirs indiquera où se trouve la maison de son père — la maison d'école où il étudie — différentes habitations représentées sur des gravures, etc.

EXEMPLE : Ma maison est sur le bord de la route, près d'un ruisseau sur le penchant d'une colline.

ORIENTATION. — *Ce sera l'occasion pour le Professeur d'apprendre à ses élèves la direction des quatre points cardinaux.*

Montrez le point de l'horizon où le soleil se lève — le point où il se couche ? Où donc est le levant (l'est ou l'orient) ? Où donc est le couchant (l'ouest ou l'occident) ? A midi lorsqu'il fait soleil, comment reconnaît-on la direction du nord ? (par l'ombre de notre corps qui, à cette heure, est dirigée vers le nord). Quelle est l'orientation de la façade de l'Institution ? etc.

Exerc. VI. — *Associer trois verbes à un ou à plusieurs noms du chapitre VI indiqués par le Professeur :* bougie, porte, vitre, chaise, pompe, fourneau, etc.

2

EXEMPLE : Jules est un imprudent : il *promène* le soir une bougie dans l'atelier de menuiserie.

Soufflez votre bougie avant de vous endormir.

La domestique est allée chez l'épicier *acheter* un paquet de bougies.

Exerc. VII. — *Dans quelle habitation, ou partie de maison, rencontre-t-on habituellement :* Un ministre ? — *au ministère.* Un soldat ? — *à la caserne.* Un ouvrier ? un préfet, un voyageur fatigué, un riche propriétaire pendant l'été, un prêtre, un soldat pendant la guerre, un sauvage, un rabbin juif, les conseillers municipaux, le conseil général, un fermier, un roi, un ermite, un maire, un riche propriétaire pendant l'hiver, un commerçant, un écolier, un Turc qui veut prier, les employés de la préfecture, un religieux ?

Une bonne Sœur, une cuisinière, un ivrogne, un marchand, des tableaux exposés, un ministre protestant, un garde-malade, un marmiton, un menuisier, un notaire, un palefrenier, un sacristain, un forgeron, un sommelier, une lavandière ? etc.

Exerc. VIII. — *Pour quelle partie de la maison, ou pour quel appartement, travaillent les ouvriers suivants ?*

Répondre par une phrase complète en choisissant un verbe en rapport avec la profession de l'ouvrier. EXEMPLE : le goujat aide le maçon à construire les murs et la façade de la maison.

L'ébéniste, le menuisier, le couvreur, l'architecte, le maçon, le maître d'un four à chaux, l'entrepreneur, le quincaillier, le ferblantier, le vitrier, le serrurier, le cimenteur, le marchand d'huile, le plafonneur ou plâtrier.

Le matelassier, l'épicier, le relieur, le sellier, le ramoneur, le pâtissier, le sculpteur, l'encadreur, l'horloger, le mineur, le chaudronnier, le tapissier, l'imprimeur de circulaires, le tourneur, le marchand de vaisselle, le fumiste, le peintre.

Exerc. IX. — *Phrases à composer en* DISCOURS DIRECT.

1° 2,4,5 phrases exprimant des ordres donnés à un cuisinier.

2° id. . . . . une demande d'ouvrage à un menuisier.

3° id. . . . une réparation à faire par le propriétaire d'une maison.

4° id. . . . . le règlement d'un compte avec un ouvrier.

Exerc. X. — *Intelligence d'un texte que l'élève pourra analyser.*

Avez-vous examiné la belle maison que notre voisin fait construire sur un plan préparé par lui-même ? — C'est un édifice ayant trois étages et, de plus, le sous-sol, le rez-de-chaussée et les mansardes. — Le vestibule spacieux est pavé en mosaïque. — La porte est à deux battants, avec panneaux sculptés. — Les visiteurs admirent l'escalier tournant, et à pente très douce. — Le propriétaire a meublé tous ses appartements avec un luxe sévère : il n'y a ni peintures éclatantes, ni dorures.

Pour embellir les abords de la maison, il a fait dessiner devant la façade un joli jardin anglais, avec pelouses, allées sinueuses, massifs, rochers, bassins et jets d'eau. Orientée au levant, cette habitation sera agréable en toutes saisons ; elle aura le soleil pendant l'hiver, et, pendant l'été, un côté du bâtiment aura l'ombre et la fraîcheur.

Un campanile (petit clocher) dressé au milieu de la toiture est surmonté d'une girouette et de deux tiges de fer croisées, avec les lettres N. S. E. O. pour indiquer les quatre points cardinaux.

Et cependant cet homme si riche, propriétaire d'une si belle maison, y sera moins heureux que le pauvre et honnête cultivateur dans sa modeste métairie. Ce monsieur n'a qu'un fils, élevé en enfant gâté, et qui par sa mauvaise conduite déshonore le nom de son père ; et lui-même, ce malheureux vieillard, est affligé de douleurs aiguës de rhumatisme et de goutte.

Le bonheur n'est pas toujours avec la fortune.

CHAPITRE VII. — Santé de l'homme (A. M., p. 17).

Exerc. I. — *L'élève remarquera les 6 divisions du chapitre pour répondre aux questions du Professeur.*

1° Maladies et accidents. — Quels sont les plus ordinaires ?
2° Désignez de mémoire quelques remèdes usuels.
3° Personnes atteintes d'infirmités diverses.
4° Personnes donnant leurs soins aux malades.
5° Où sont soignés ordinairement les malades ?
6° Différents genres de mort.

Exerc. II. — *Quelle partie du corps est atteinte et souffrante dans les maladies ou indispositions suivantes ?*

Rhume, engelure, surdité, rhumatisme, panaris, fièvre cérébrale, colique, myopie, foulure, petite vérole, cécité, calvitie, vomissement, nausées, empoisonnement, entorse, teigne, suffocation, jeûne prolongé, vertige ?

Exerc. III. — *Questions concernant l'état de santé.*

Quelles *maladies* avez-vous eues depuis votre enfance ? — A quel âge ? — Avez-vous été atteint d'une maladie contagieuse ? — Avez-vous été gravement malade ? — en danger de mort ?

Avez-vous éprouvé quelque *accident* grave depuis votre enfance ? Quelque accident très grave est-il arrivé sous vos yeux ? (racontez-le) — Qui vous a soigné ? — Connaissez-vous le nom de votre médecin ? — Quels remèdes vous ont été ordonnés ?

Exerc. IV. — *Comment appelle-t-on l'infirmité* d'un sourd ? d'un goutteux ? d'un fou ? d'un bègue ? d'un lépreux ? d'un aveugle ? d'un muet ? d'un paralytique ? d'un idiot ?

Faites le récit, d'après l'Evangile, de quelques-unes des infirmités qui ont été guéries miraculeusement par Notre-Seigneur Jésus-Christ ?

Exerc. V. — Où soigne-t-on les lépreux ? — les fous ? les pestiférés ? les étrangers malades ? .

Où les médecins envoient-ils les personnes délicates (faibles) pour for-tifier leur santé ? Connaissez-vous quelques *plages*, pour les bains de mer ? (Granville, le Croisic, le Pouliguen, les Sables-d'Olonne, Royan, Arcachon, Biarritz). — Connaissez-vous quelques stations d'eaux *thermales* ou chaudes ? (Mont-Dore, la Bourboule, Cauterets, Eaux-Bonnes, Ba-règes).

Exerc. VI. — *Locutions usuelles se rapportant à la santé* (A. M., p. 73) L'élève expliquera et retiendra les expressions de la colonne « SANTÉ ».

Exerc. VII. — *Quelques verbes se rapportant au chapitre de la santé de l'homme et que l'élève utilisera dans des phrases qu'il devra composer :*

Soigner, panser, amputer, visiter, prescrire une ordonnance, guérir, dé-laisser, condamner, consoler, encourager, exhorter à la résignation, sou-lager, percer, arracher, désinfecter, saigner, ausculter, opérer, préparer à la mort, cautériser, cicatriser, doser, assainir.

L'enfant adjoindra à chacun de ces verbes un sujet et deux complé-ments de sa composition.

Exerc. VIII. — *A quelles blessures ou à quels accidents sont exposées les personnes suivantes ?* Charpentier, mineur, maçon, menuisier, facteur rural, vitrier, artilleur, matelot, bûcheron, serrurier, ferblantier, mois-sonneur, vidangeur, chasseur, couturière.

Cuisinier, maréchal, fondeur, meunier, gendarme, palefrenier, bou-cher, pêcheur, cavalier, vélocipédiste, garde-malade, dénicheur de nids, berger, roulier, conducteur de locomotive, enfants qui marchent tête nue au soleil, maraudeur, chercheurs de champignons, pompier, acrobate ou danseur sur la corde, dompteur (directeur de ménagerie), gymnasiarque, chanteurs, gourmands, ivrognes, fumeur ?

Nota : Après explications préalables du maître, l'élève donnera ses réponses en phrases complètes : EXEMPLE : le charpentier est exposé à se blesser avec sa bisaiguë, et à tomber à terre du haut d'une maison.

Exerc. IX. — *Que doit-on faire lorsqu'on voit* un homme tomber du haut d'un arbre ? une voiture traînée par un cheval *emporté ?* — une per-sonne tombée dans la rivière ? — un noyé sorti de l'eau ? — un homme pendu ? — un homme frappé de syncope ou de congestion ?

Dans un danger pressant, quelles personnes faut-il aller chercher en toute hâte ? (le médecin et le prêtre). — Quels sacrements le moribond doit-il se préparer à recevoir ?

Savez-vous à quels signes on peut reconnaître qu'une personne est réellement morte ? (miroir, battements du cœur arrêtés, raideur, froid, odeur cadavérique, putréfaction).

Exerc. X. — *Explications données par un malade à son médecin qui s'in-forme de la nature et du siège de la maladie, de la douleur, de l'accident.*

— « Mon ami, dit le médecin, vous m'avez fait appeler ; qu'éprouvez-vous ? »

L'élève composera 2, 4, 6 réponses se rapportant à 2, 4, 6 maladies supposées, et il indiquera les circonstances de temps, de lieu, de manière, — les douleurs, les symptômes.

Nota. — Dans l'intérêt de la santé de nos chers sourds-muets, nous insistons sur l'utilité *pratique* de semblables exercices assez fréquemment répétés, afin qu'ils puissent au moment de la maladie profiter de la visite du médecin.

Exerc. XI. — *Récit à bien comprendre avec le secours de l'analyse.*

« **Un homme à la mer !** » Au milieu d'une violente tempête, le jeune mousse du vaisseau « *le Neptune* » se tenait debout sur une vergue ; il attendait l'ordre de *carguer* (diminuer) une voile que le vent menaçait de déchirer. — Pendant qu'il se préparait à la manœuvre, un fort roulis le précipita en bas. Au lieu de s'écraser sur le pont du navire, le malheureux enfant était tombé à la mer, parce que les vagues furieuses avaient incliné le vaisseau.

Aussitôt, malgré la tempête, trois matelots descendent dans le canot et vont à la recherche du petit naufragé qui, par des efforts énergiques, essayait de se soutenir à la surface des flots. Mais ses forces furent bientôt épuisées ; et, après avoir recommandé son âme à Dieu, roulé par une vague qui s'élevait comme une montagne, l'enfant *perdit connaissance*.

A ce même moment, les trois courageux matelots aperçurent ce petit corps inerte, ballotté par les flots ; ils s'approchent et le saisissent à l'instant même où il allait disparaître. Ils le couchent au fond de la barque, et *faisant force de rames* ils retournent au navire. L'enfant est confié aux soins du chirurgien qui lui enlève ses vêtements mouillés, l'étend sur le dos, et frictionne vigoureusement sa poitrine avec une chaude flanelle, pour ranimer la circulation du sang.

Après trois quarts d'heure de soins assidus et intelligents, tous ont la joie de voir les yeux s'ouvrir et la vie apparaître dans ce corps qui semblait être déjà un cadavre.

Exerc. XII. — Que faisait le petit mousse au moment de l'accident ? — Pourquoi l'enfant ne tomba-t-il point sur le pont du navire ? — Quelle action courageuse accomplirent les matelots ? — Que devenait le petit naufragé ? — Quels soins reçut-il ? — Combien durèrent ces soins ? — Que fit (sans nul doute) le petit mousse après avoir *repris connaissance* ?

CHAPITRE VIII. — Voyages de l'homme (A. M., p. 13).

Exerc. I. — Que l'élève retienne les 7 principales divisions du chapitre.

1° *Voyages à pied.* — Quelles personnes voyagent ordinairement à pied ? — Quels sont les divers accessoires et meubles de voyage ? — Par quelle température ? — Quels sont les chemins et voies des passants ?

2° *Voyages avec montures diverses.* — Quelles personnes ? — Faut-il y ajouter le chamelier et le cornac ? — De quelle couleur peut être la robe d'un cheval ? (blanc, noir, bai, rouge, gris, pêchard ou moucheté) —

Nommez quelques pièces du harnachement ? — Différentes allures du cheval ?

3° *Voyages en voiture.* Quelles personnes se servent de ce moyen de transport ? — Nommez plusieurs espèces de véhicules (voitures diverses) ? — Quels sont les détails d'une voiture ? Désignez quelques harnais ?

4° *Voyages en chemin de fer.* Nommez 4, 6, 8 personnages attachés au service des *voies ferrées* ? — Qu'y a-t-il dans une gare ? — Que remarquez-vous dans une locomotive ? — Quels sont les différents trains ? — Quels sont les détails de la *voie* ? — Indiquez quelques-unes des grandes compagnies.

5° *Voyages sur l'eau.* Nommez 5, 8, 10 personnes voyageant sur bateau ? — Combien connaissez-vous d'*embarcations* diverses ? — Pouvez-vous énumérer les détails d'un navire, et quelques termes maritimes ?

6° *Voyages en ballon.* Quel est le personnel ? — Quelles formes variées ont les ballons ? — Nommez quelques agrès et quelques locutions techniques d'*aérostation* ?

7° *Autres manières de voyager.* Quels moyens de transport ? — Où en fait-on usage ? — Quels sont les avantages des vélocipèdes ? des traîneaux ? — Quels sont leurs inconvénients et leurs dangers ?

Exerc. II. — *Personnel. A quelle classe ou catégorie de voyageurs se rapportent les termes suivants ?* — Postillon — homme d'équipe — compagnon — chauffeur — émigrant — calfat — vigie — aiguilleur — roulier — jockey — facteur rural — canotier — aéronaute — estafette — pilote — groom — timonier — contrôleur — pèlerin — camionneur — porte-balle — armateur — conducteur — courrier — mécanicien — Lapons et Esquimaux — interprète — explorateur — charretier — guide — distributeur de billets, etc.

Exerc. III. — *Quelles sont les fonctions (occupations) de ces différents personnages ?*

EXEMPLE : Un postillon monté sur un des chevaux de l'attelage conduit une voiture. Un homme d'équipe,..... etc.

Exerc. IV. — *Etat de la température* (A. M., p. 18 et 73).

A cette heure, quel est l'état du ciel et de la température ? Fait-il chaud, froid, tiède, frais, lourd ? — Connaissez-vous l'instrument appelé *thermomètre* ? A quoi sert-il ? Combien de degrés marque-t-il aujourd'hui ? — Connaissez-vous l'instrument appelé *baromètre* ? A quoi sert-il ? Combien marque-t-il de millimètres, aujourd'hui, au-dessus ou au-dessous de 760 (pression moyenne) ? — De quel côté souffle le vent ? Regardez la girouette ? (Quel est l'orient du vent) ? — Le temps est-il favorable au piéton ? De quoi doit-il se munir ? (canne ou parapluie) — En quels mois tombent ordinairement des *pluies abondantes* ? la *foudre* ? la *grêle* ? la *neige* ? le *grésil* ?

Quand redoute-t-on les insolations ? le serein ? les inondations ? la canicule ? les brouillards ?

Exerc. V. — *Chemins parcourus — question de lieu,* où ? (A. M., pages 18, 29, 58, 73).

Nota. — Le sens exact des locutions se rapportant à la topographie ne sera convenablement compris de l'élève que si elles sont expliquées au cours d'une promenade ou sur des gravures représentant un paysage.

Montrez un objet (arbre, maison, sentier, mur, barrière, etc.) à l'horizon — au premier plan — sur la lisière d'un bois — entre cour et jardin — au fond du ravin — sur le bord de la route.

Le Professeur passera en revue toutes les expressions de la 3e colonne de la page 73 (A. M.)

Exerc. VI. — *Comment nomme-t-on les ouvriers (fabricants) préparant ou vendant les objets suivants :* les chars à bancs — les cravaches — les guêtres — les routes — les parasols — le moyeu des roues de voiture — les ressorts de calèches — une locomotive (constructeur mécanicien) — un tunnel — un collier de cheval — un cabriolet — le filet d'un ballon — les verres d'une marquise de gare — le cercle de fer des roues — les étoffes qui tapissent les wagons de 1re classe — le fer d'un cheval — le vernis extérieur de la portière d'un wagon?

Exerc. VII. — Quel a été votre plus long voyage à pied? — Quand et à quel âge l'avez-vous fait? — Combien de temps a-t-il duré? — Quel a été votre plus long voyage en voiture? — Quel a été votre *premier* voyage en chemin de fer? — Etes-vous venu à l'Institution dans un wagon de 1re, de 2e ou de 3e classe? — Qu'est-ce qu'un billet *d'aller et retour ?* — Quels sont ses avantages? — Quels sont ses inconvénients?

Où avez-vous vu les plus gros bateaux? — Avez-vous vu *lancer* un ballon avec un aéronaute dans la nacelle? où? quand? Quel âge aviez-vous?

Exerc. VIII. — *Phrases à composer en discours directs.* Comment un voyageur égaré demandera-t-il son chemin? — Comment un touriste demandera-t-il un billet de chemin de fer? (Indiquer le ové du voyage, la classe, billet simple ou avec retour.) — Comment un porte-balle (ou colporteur) pourrait-il dans les campagnes offrir sa marchandise (*faire l'article*)? — Comment un piéton fatigué demandera-t-il une place dans la voiture d'un voyageur qui passe?

Un commerçant envoie trois dépêches pour annoncer à sa famille : 1° son arrivée, — 2° un retard de deux jours, — 3° la maladie d'un parent. (*L'élève composera le texte de ces trois télégrammes avec une adresse fictive.*)

En descendant du train, comment déposerez-vous vos bagages à la consigne? — Comment les retirerez-vous? — Comment demanderez-vous quelques provisions au buffet? — Comment demanderez-vous un renseignement au chef de gare?

Exerc. IX. — *Dans un navire, où est* le gouvernail? l'hélice, le pont, la cale, le blindage, les voiles, la cheminée, l'ancre, la proue, la poupe, la boussole, les aubes (ou roues), la quille, le lest, le pavillon, le pilote, le capitaine, les matelots, les hamacs?

Quels hommes font le plus de chemin à pied chaque jour ? — en chemin de fer ?

Exerc. V. — *Avec les verbes suivants l'élève composera des phrases ayant pour sujets et compléments des noms empruntés à ce chapitre VIII de la nomenclature*

Courir, pleuvoir, galoper, gronder, gonfler, chasser sur ses ancres, verser, se déferrer, siffler, prendre sa course, allonger le pas, sombrer, débarquer, affronter le soleil, marcher malgré la pluie, foudroyer, désarçonner, embourber, cahoter, s'orienter, engloutir, rebrousser chemin, etc.

Exemple : Dans les jours les plus courts de l'hiver, le facteur rural doit *allonger le pas*, s'il veut n'être point surpris par la nuit avant la fin de sa tournée.

Exerc. VI. — *Phrases à comprendre au moyen de l'analyse :*

Dans les Indes on voit souvent des familles entières qui voyagent en palanquin sur le dos d'un éléphant. — Lorsque vous montez à cheval, servez-vous rarement et avec prudence de l'éperon. — Dans son étourderie Jules s'est approché d'un cheval vicieux ; un coup de pied de la méchante bête l'a renversé à terre, dangereusement blessé. — Si vous voyagez en chemin de fer, demandez poliment à vos voisins ou au conducteur du train les renseignements nécessaires pour ne point faire fausse route.

Pendant l'hiver une calèche fermée est avantageuse au voyageur ; mais, l'été, il choisit de préférence une voiture découverte. — Au milieu de la nuit, le *calfat* s'est empressé de boucher la voie d'eau ouverte dans la cale du navire ; si cette précaution avait été négligée, le vaisseau aurait sombré. — Le petit mousse poursuivi par la garcette du maître-matelot a grimpé comme un écureuil sur les vergues pour éviter une correction méritée.

Pendant un orage éloignez-vous des grands arbres (peupliers, noyers, chênes) qui attirent la foudre. — Avant de poser sur son levier, l'aiguilleur, pour prévenir la rencontre de deux trains, a fait tourner le disque rouge qui ferme la voie. — Un sourd-muet, s'il se promène seul, choisira prudemment le *trottoir* dans les rues, et la berge sur les routes, pour éviter les accidents de voiture. — Le voyageur qui *coupe à travers champs* avant la récolte des moissons s'expose au procès-verbal du garde champêtre.

Exerc. VII. — Quand préfère-t-on une voiture découverte ? pourquoi ? — Les grands arbres sont dangereux pendant l'orage, pourquoi ? — A quoi sont utiles (servent) les éléphants dans les Indes ? — Que redoutait le petit mousse ? — Comment faut-il approcher d'un cheval vicieux ? — A quel danger est exposé un sourd-muet qui se promène au milieu des rues ? — Quand est-il défendu de couper (marcher) à travers champs ? — Que doit faire un sourd-muet voyageant en wagon ?

CHAPITRE IX. — Religion de l'homme. (A. M., p. 21).

Exerc. I. — **Objet de notre culte.** — Que signifie le mot *culte*? (Honneur, très grand respect.) — Quels sont les *objets* de notre culte? (Les personnes et les choses saintes que nous devons honorer). — Quelles *personnes* saintes devons-nous honorer? — Quelles *choses* saintes devons-nous honorer? — Faut-il honorer de la même manière (ou également) Dieu, Marie, les anges et les saints? — Qui faut-il honorer le plus? — Et, après Dieu, qui? — Et, après Marie, qui? — Comment s'appelle le culte rendu à Dieu? — Comment s'appelle le culte qui convient à Marie? (Culte très spécial ou hyperdulie). — Comment s'appelle le culte des Anges et des Saints? (Honneur, respect.)

Quels noms différents donne-t-on à Dieu? — Pourquoi l'appelle-t-on le *Créateur*? le *Maître souverain*? la *Providence*? — Par quels actes de piété pouvons-nous honorer Marie et demander sa protection? — Qu'appelle-t-on *Patriarches? Prophètes? Apôtres, Martyrs? Patrons?*

Exercice II. — DEVOIRS DU CHRÉTIEN. Pour aller au ciel (sauver son âme), que doit faire le chrétien? (Croire les vérités révélées—observer les commandements — demander et obtenir la grâce par les sacrements et la prière.)

Que devons-nous CROIRE? (Les principaux mystères — le symbole des apôtres — la parole de Dieu consignée (écrite) dans les livres de l'ancien Testament et du nouveau Testament — les enseignements de l'Église.) — Pourquoi appelle-t-on le Ciel, le Purgatoire, l'Enfer, *mystères de la vie éternelle*? — Qui a inspiré (dicté) les livres de l'ancien Testament? et les livres du nouveau Testament? — Qui a écrit les livres de l'*ancien* Testament? Qui a écrit les évangiles et les autres parties du nouveau Testament? — Combien de temps a duré l'ancien Testament? (Depuis Adam jusqu'à Jésus-Christ.) — Depuis quand dure le nouveau Testament, et combien durera-t-il? — Qui est venu sur la terre révéler et enseigner aux hommes les vérités oubliées? — Après Jésus-Christ, qui a enseigné? Et après les apôtres? (L'Église enseignante : le Pape, les évêques, les prêtres.) — Le Pape, en parlant au nom de l'Église, peut-il enseigner l'*erreur* et le *mensonge*? pourquoi?

Que devons-nous FAIRE ou pratiquer pour être sauvés? (Observer les commandements — effacer et éviter le péché — posséder les vertus — remplir ses devoirs d'état — accomplir les 7 œuvres de miséricorde *corporelle* et *spirituelle*.) — Quels sont les devoirs d'état du jeune écolier? (Piété, obéissance, modestie, application, charité fraternelle.)

Comment s'appelle le secours que Dieu nous accorde pour nous *aider* à aller au ciel? — Que produit en nous la grâce *sanctifiante*? (Par la grâce sanctifiante notre âme devient BELLE.) — Que produit en nous la grâce *actuelle*? (Par la grâce actuelle notre âme devient FORTE.) — Quels sont les deux moyens par lesquels nous pouvons obtenir la grâce? De ces deux moyens, quel est le plus efficace (puissant)?

Exerc. III. *L'élève, par l'analyse, distinguera le que pronom relatif (A. M., p. 56), et le que conjonction ou associé à une locution conjonctive A. M., p. 60, 61). En transcrivant les phrases suivantes, il soulignera par un trait la conjonction que, et il remplacera le que relatif par l'expression équivalente lequel, laquelle. (A. M., p. 62.)*

Connaissez-vous la chapelle que j'aime le plus à revoir, et dans laquelle je prie avec plus de piété ? C'est la chapelle de l'Institution. — Pourquoi ? — parce qu'elle me rappelle le souvenir de ma première Communion. — Les dimanches et les jours de fête, pour que les petits enfants soient sages, un bedeau se promène dans la nef et dans les bas-côtés de l'église. Mais vous savez que dans les cathédrales le bedeau est accompagné d'un *suisse* richement vêtu qui porte à son côté une épée, à la main gauche une grande hallebarde, et à la main droite une longue canne à pomme d'argent.

C'est aux fonts baptismaux que vous avez reçu le premier sacrement de votre vie chrétienne ; les péchés que vous avez commis ont été effacés au confessionnal, lorsque vous avez reçu un deuxième sacrement : *la pénitence ;* dans un troisième sacrement, enfin, vous avez reçu à la sainte Table le *Pain eucharistique* que la parole toute-puissante du prêtre avait consacré pendant la messe.

Toutes les fois que vous entrez dans une église, faites pieusement le signe de croix et agenouillez-vous pour adorer le Dieu que vous venez visiter. Les 14 tableaux que vous voyez suspendus aux piliers et aux murs de la chapelle sont appelés *stations* du Chemin de la Croix, parce qu'ils représentent la route sanglante que le Sauveur a parcourue en montant au Calvaire.

C'est avec plaisir que je vois de petits enfants de chœur servir la messe, présenter les burettes, tourner le livre sur l'autel, mais à condition que ces enfants soient sages et recueillis. Pour que le thuriféraire (l'enfant qui porte l'encensoir) et les acolytes (enfants qui portent les cierges) accomplissent convenablement les fonctions qu'on leur a confiées, ils doivent s'exercer à marcher avec modestie, et à saluer avec grâce et gravité.

CHAPITRE X. — Vie sociale (A. M., p. 22).

Nota. — Le professeur, s'il le croit opportun, expliquera à ses élèves ce que l'on appelle « la vie sociale » de l'homme. Il pourra se servir du récit suivant (ou d'un autre) qui sera, au besoin, thème d'analyse, et de classification de noms.

Qu'est-ce que la vie sociale ?

Robinson était un commerçant anglais qui s'était embarqué sur un navire de commerce, pour entreprendre une longue traversée. Après deux jours d'une horrible tempête, le vaisseau *fit naufrage* (1) sur les

_____

(1) Le professeur attirera une fois pour toutes l'attention de l'élève sur ce

rochers d'une île déserte. L'équipage entier et tous les passagers avaient péri ; Robinson, seul, échappa providentiellement à la mort.

Mais, hélas ! combien ce pauvre naufragé était à plaindre ! L'île était inhabitée. Robinson avait besoin d'une cabane, afin d'être à l'abri de la pluie et du froid ; il ne rencontrait point de charpentier pour la construire. Il avait faim, et il ne trouvait autour de lui ni boulanger ni boucher pour lui vendre le pain et la viande. Ses vêtements étaient en lambeaux, et il n'y avait pas un tailleur pour lui confectionner des habits nouveaux. Il entendait le rugissement des lions, et personne n'était près de lui pour le défendre.

Robinson, solitaire dans son île sauvage, était sans société ; seul, il devait pourvoir à sa nourriture, à son logement, à ses vêtements, à sa défense. Le malheureux était privé des avantages (bienfaits) de la société et du secours des autres hommes : IL NE VIVAIT PAS DE LA VIE SOCIALE.

— Nous, au contraire, qui habitons la ville ou la campagne, dans un pays peuplé et civilisé, nous trouvons facilement autour de nous : — des laboureurs pour semer le blé ; — des bouchers pour nous vendre la viande ; — des maçons pour construire nos maisons ; — des marchands, des ouvriers qui travaillent pour nous ; — des gendarmes qui nous préservent des voleurs ; — des professeurs qui nous instruisent ; — des prêtres qui nous apprennent nos devoirs envers Dieu ; — des magistrats qui punissent les méchants ; — des soldats qui défendent les frontières de la patrie ; — des riches qui soulagent les pauvres ; — des médecins qui soignent les malades, etc.

VOILA LA VIE SOCIALE. C'est l'ensemble des travaux, des devoirs de tous les citoyens d'un même pays, qui s'entr'aident pour augmenter le bonheur des uns et des autres (mutuel).

Exerc. I. — *L'élève désignera de mémoire* : 1º les principales dignités dans le gouvernement, dans l'administration ; 2º la *hiérarchie* des dignitaires ou supérieurs ecclésiastiques ; 3º les principaux ministères d'un Etat (république, empire, royaume, principauté, etc) ; 4º plusieurs personnes (4, 6, 8) appartenant à la magistrature, — à l'enseignement ou instruction publique, — à l'armée, etc.

Exerc. II. — *Classification.* — *L'élève aura soin de distinguer les noms de personnes en les soulignant. — A quelle subdivision du chap. X se rapportent les expressions suivantes ?*

Exemples : *Avocat*, Magistrature, personnel. *Lycée*, Instruction publique, écoles diverses. — Député, gendarme, éponge, concours, capitaine, promenade, boulet, lettre chargée, salle de police, maire, chanoine, procès-verbal, page d'écriture, inspecteur, échafaud, procureur, salle

genre d'expression que l'on peut appeler *locution verbale*, et qui s'analyse tout d'un bloc : *faire honte, faire peur, faire maison nette, faire tapage, savoir gré, avoir besoin, avoir hâte, avoir soin*, etc. Ces locutions sont plus fréquemment employées avec les verbes *faire, avoir*, et quelques verbes neutres. Elles ont ordinairement ce signe distinctif que *l'article* est supprimé entre le verbe et le nom.

d'asile, bachelier, échecs, ministre, légat; vicaire, tribunal de commerce,
timbre-poste, impôt, cantonnier, télégramme, sergent-major, mitrailleuse,
amende, tirage au sort, boursier, faculté de médecine, échasses, cahier,
travaux forcés.

(*Locutions verbales*.) Pointer un canon — dresser procès-verbal —
voter une loi — consacrer une église — payer sa pension — obtenir un
congé de convalescence, — condamner à la prison — préparer un examen
de doctorat — charger une route de cailloux — panser l'écorchure d'un
genou.

Accorder un congé de faveur — surveiller pendant la récréation —
exiger une surtaxe de lettre — signer un traité avec l'Espagne — obtenir
une bourse — convoquer un concile — apporter une dépêche — passer
une revue — astiquer son casque — tirer son épée — envoyer le bulletin
trimestriel — administrer un mourant.

Conduire quatre soldats au poste — consigner les troupes — faire
grâce à un condamné — mettre les menottes — sortir de la salle de police — délivrer un diplôme — déclarer la guerre — mettre en déroute
un corps d'armée.

NOTA. — L'élève, avec les expressions des trois précédents paragraphes, composera des phrases complètes en indiquant la *personne* qui fait l'action et deux
compléments.

Exerc. III. — *L'élève mentionnera de mémoire* : 4 peines différentes
infligées par le juge d'un tribunal — 6 jeux de l'écolier — 4 ministres
— 4 membres du personnel d'une Institution — 4 armes d'infanterie —
4 armes d'artillerie — 6 grades dans l'armée — la composition d'une
compagnie — 4 membres de l'administration — 5 dignitaires dans
l'Église — 4 sortes de coupables — 8 noms se rapportant au travail de
l'écolier — 5 écoles différentes — 3 termes de télégraphie — 4 termes
d'examens.

Exerc. IV. — *Emploi des conjonctions et locutions conjonctives*
(A. M., p. 60 et 61).

— 1° L'élève nommera de mémoire les principales conjonctions — et
composera une phrase avec emploi de chacune d'elles. — 2° Il désignera,
de mémoire aussi, quelques locutions synonymes et correspondant à *mais*,
car, *et*, *comme*, *quand*, *si*, *ni*, *donc*, *ou*, et composera, au gré du professeur, des phrases avec conjonction déterminée.

Distinction de SI *conjonction, et de* SI *adverbe*.

SI, conjonction, a diverses significations : 1° *Pourvu que* : Le voleur
sera condamné, si les gendarmes peuvent le surprendre; — 2° *Affirmation* :
comme *oui* : Cet officier n'est pas capitaine ? — Je vous affirme que si,
car il porte à son képi trois galons. — 3° *Doute* : dites-moi si je réussirai
à mon examen. — 4° *Cause* : si l'obus est lancé jusqu'à la distance de six
kilomètres, c'est que le canon est rayé. — 5° *Combien* : si le professeur
déteste la paresse, tu le sais. — 6° *Si bien que* remplaçant *tellement... que* :
Paul a SI BIEN réfléchi qu'il a enfin compris son problème.

SI, adverbe, signifie : 1° *Tellement* : Les impôts sont si lourds que le pauvre agriculteur peut à peine vivre ; — 2º *Aussi* : Le jeu d'échecs n'est pas si difficile que vous le croyez ; — 3º *Quelque* : Si forte que soit la cuirasse, une balle du nouveau fusil français la traverse.

Les élèves composeront des phrases avec ces diverses acceptions de si.

Exerc. V. — Dans les réponses aux questions suivantes l'élève utilisera alternativement et comme variété les locutions conjonctives et adverbiales indiquées (*parce que, puisque, pour, dans le but de, afin de, afin que, attendu que, vu que, de peur que*) (A. M., p. 60).

Pourquoi les jeunes écoliers ont-ils ordinairement une blouse noire ? — Pourquoi les artilleurs *servants* placent-ils dans leurs oreilles un petit bouchon de coton ? — Pourquoi, à l'entrée des villes, y a-t-il une barrière et des employés de *l'octroi* ? — Pourquoi les cuirassiers sont-ils montés sur de forts chevaux ? — Pourquoi faut-il s'éloigner des canons pendant l'exercice du tir ? — Pourquoi nomme-t-on un conseil municipal dans chaque commune ? — Pourquoi dans les villes et dans les chefs-lieux de canton, existe-t-il une gendarmerie ? — Pourquoi donne-t-on à l'écolier une ardoise pour ses devoirs écrits ? — Pourquoi des familles charitables ont-elles fondé (construit) des institutions de sourds-muets et d'aveugles ? — Pourquoi dans un pensionnat y a-t-il un économe, un linger, un portier ? etc.

Exerc. VI. — *Texte pour analyse et lecture courante.*

Le peuple obéit aux lois du chef de l'Etat ; mais il faut aussi que le chef de l'Etat soit fidèle observateur de la loi de Dieu. Au moment des élections, de nombreux candidats sollicitent les suffrages de leurs concitoyens ; mais les électeurs ont le devoir de ne nommer que des hommes honnêtes, instruits, et craignant Dieu. L'autorité d'un chef sur ses sujets s'appelle *juridiction*. Les désobéissances aux règlements et aux lois d'un pays sont plus ou moins graves : *contravention, délit, crime.* Pour juger ces différentes infractions aux lois, il existe plusieurs tribunaux : *justice de paix, tribunal de première instance, cour d'appel, cour de cassation.*

Evitez avec soin les procès : ils causent presque toujours la ruine des *gagnants* et des *perdants.* Lorsque vous voulez envoyer de l'argent à une personne, il faut aller au bureau de la poste demander un *mandat* que vous renfermerez dans une lettre. Si vous communiquez une nouvelle importante *par dépêche télégraphique*, faites une phrase très courte, pour payer moins cher. — Il faut coller sur l'enveloppe de vos lettres un timbre *bleu* qui coûte 15 centimes ; on appelle cela *l'affranchissement.*

Dans les églises, M. le curé inscrit sur un registre les *baptêmes*, les *mariages*, les *sépultures* ; dans les mairies, un secrétaire inscrit aussi les *naissances*, les *mariages*, les *décès.* Avec ces registres on connaît le *mouvement de la population* d'une commune, d'une paroisse.

Exerc. VII. — *L'élève demandera par discours direct, en donnant les indications nécessaires.*

Un mandat de 9 francs (nom de l'expéditeur, nom et adresse du destinataire) — trois cartes postales — deux cartes-lettres — l'argent d'un mandat de 18 fr. (on montre ordinairement l'enveloppe de la lettre qui renfermait le mandat) — un certificat de bonne conduite — une copie de son acte de naissance (à la mairie) — un certificat de baptême (au curé de sa paroisse) — un congé à M. le Directeur — une lettre adressée poste restante — la venue d'un gendarme ou d'un garde champêtre pour constater un accident, etc.

CHAPITRE XI. — Quelques professions libérales
(A. M. p. 26).

CHAPITRE XII. — Quelques professions manuelles
(p. 27).

Nota. — On appelle professions LIBÉRALES celles qui exigent plus spécialement un travail d'intelligence ; et professions MANUELLES celles qui s'exercent par la main de l'ouvrier, de l'artisan. On pourrait appeler aussi profession *commerciale* l'occupation des personnes qui, achetant et vendant, se livrent au commerce, au négoce.

Exerc. I. — Nommez 4, 6, 8 personnes de votre connaissance exerçant — une profession libérale — une profession manuelle — une profession commerciale. Où demeurent ces personnes ? Quelles sont leurs occupations ?

Exerc. II. — *Pour meubler sa mémoire l'élève apprendra les notions suivantes :*

Le *météorologiste* étudie : la pluie, le vent, le chaud, le froid, l'humidité, la sécheresse, la neige, la grêle, les nuages, les ouragans, les trombes, les tremblements de terre, les arcs-en-ciel, les aurores boréales, en un mot, les principaux phénomènes (météores) de l'atmosphère (p. 83).

— Le *géologue* consacre son temps à l'étude des terrains, des couches, des rochers, des minéraux, des cours d'eau (A. M., p. 42).

— L'*électricien* s'occupe des différentes applications de l'électricité (p. 85) — des différents instruments qui produisent l'électricité (piles, batteries, accumulateurs, machines dynamo-électriques) — du perfectionnement des appareils inventés pour l'usage de l'électricité, sonnerie, téléphone, phonographe, télégraphe (p. 26, note).

— L'*astronome* cherche à connaître : la grosseur, la distance, la marche des différents astres — les particularités propres à chacun d'eux ; les taches du soleil, les montagnes et volcans de la lune, les satellites de Jupiter (p. 82), les anneaux de Saturne, les étoiles *doubles*, *variables*, et *colorées* — les nébuleuses, amas d'étoiles, comètes, étoiles filantes.

— Le *naturaliste* se livre à l'étude — du corps humain : c'est l'anatomie, la physiologie, ou la chirurgie (p. 17) ; — des animaux : c'est la zoologie ; — ou des plantes : c'est la botanique ; — ou des pierres et des minéraux : c'est la minéralogie.

— Le *publiciste* ou *l'écrivain* compose des ouvrages d'histoire, de géographie, de littérature, de voyages, de politique, de religion.

— Le *chimiste* s'occupe de la connaissance des corps *solides*, *liquides* ou *gazeux*. On lui confie la mission de découvrir les très nombreuses fraudes dans les aliments et les boissons.

— *L'avocat* fait une étude attentive des lois afin de défendre devant les tribunaux la fortune, l'honneur, la vie de ses clients.

Exerc. III. — *A quel genre de profession* LIBÉRALE OU MANUELLE *se rapportent les objets, instruments et termes suivants :*

Horloge, varlope, plante, chevalet, chaudron, forge, hameçon, flûte, faux, pinceau, pressoir, testament, équerre, cornue, minerai, brouette, tire-ligne, actes publics, piano, osier, hygiène, tour, mastic, télescope, feu grisou, histoire moderne, couteau, etc. ?

L'élève indiquera la nature et l'usage de ces différents instruments.

Exerc. IV. — *A qui est utile :* l'étude du droit, l'étude des plantes, les lattes, le ciseau pour la pierre, le pot à colle, la truelle, le compas, le filet, la charrue, une bêche, l'orgue, le microscope, une cuve, un haut fourneau, le houblon, un rapporteur, une faucille, un fil-à-plomb, un établi, une alène, une presse à imprimer ?

Exerc. V. — Exprimez les mêmes pensées de l'exercice précédent, en vous servant de la locution impersonnelle « *il est utile de* ». Exemple : au lieu de dire : l'étude du droit est utile à l'avocat, tournez : *il est utile* à l'avocat d'étudier le droit s'il veut....

Exerc. VI. — *Quelles marchandises ou quels produits* (4,6,8) *sont vendus par :* le bourrelier, l'ébéniste, le tourneur, le ferblantier, le tisserand, la modiste, le mercier, l'opticien, le quincaillier, le taillandier, l'armurier, le vannier, le jardinier, le libraire, le menuisier, l'épicier, le meunier, le charcutier, le laboureur, le serrurier, le mécanicien, le pharmacien, le débitant de tabac, le cafetier, le tapissier, le tailleur, le vitrier, le chaudronnier ? etc.

Exerc. VII. — *Emploi du subjonctif après quelques verbes* (A. M., p. 69).

L'élève, faisant usage comme sujets et comme compléments de mots empruntés aux chapitres XI et XII, composera des phrases ayant une proposition complétive au subjonctif. Il prendra pour la proposition principale les verbes du 1er groupe : VOLONTÉ, DÉSIR, de la page 69 (depuis *aimer* jusqu'à *empêcher*).

Exerc. VIII. — *L'élève composera un récit simple mais circonstancié de ses projets d'avenir :* Quand il sera jeune homme, que fera-t-il ? Quelle sera sa profession ? Où fera-t-il l'essai du travail ? Où prendra-t-il son logement, sa nourriture ? Quelles compagnies fréquentera-t-il ? Quel emploi fera-t-il de l'argent gagné ?

CHAPITRE XIII. — La terre habitée par l'homme.

Exerc. I. — *Cet exercice comprendra naturellement l'explication par le Professeur de tous les termes du chapitre, — et leur définition répétée par l'enfant, puis complétée par un exemple emprunté à un dessin, à une gravure :*

1° Qu'est-ce qu'une impasse ? un lac ? une rivière débordée ? un coteau ? une forêt ? une falaise ? etc. etc. etc. — 2° Montrez sur cette gravure (et aussi pendant une excursion à la campagne ou à la ville) un verger, une avenue, une borne-fontaine, une haie, la rive droite d'un ruisseau, un square, une prairie naturelle, une vigne, une écluse ? etc. etc.

Exerc. II. — *Classification. A quelle division et subdivision de ce chapitre appartiennent les mots suivants ?* Canal, bourgade, oasis, statue, quai, étang, phare, détroit, versant d'une colline, éruption de volcan, tablier d'un pont, boulevard, dune, presqu'île, pont suspendu, confluent, village, trottoir, plateau, ravin, pic, jetée, régates, défilé, flux, sémaphore, octroi, etc., etc. ?

Exerc. III — *Où demeurez-vous ?* — Parmi les 18 États de l'Europe, quelle est votre patrie ? De quel État êtes-vous citoyen ? Quelles sont les frontières de la France, au nord, à l'ouest, au sud, à l'est ? Combien de fois le territoire de la France pourrait-il être contenu dans l'Europe ? (19 *fois.*) Quelle est la longueur de la France, du nord au sud ? (242 lieues ou 968 kilomètres.) Quelle est sa population ? En combien de provinces la France était-elle autrefois divisée ? Maintenant combien de départements contient-elle ?

Dans quel département êtes-vous né ? En quelle partie de la France est situé ce département ? A quelle ancienne province appartenait-il autrefois ? — Quel est le chef-lieu de votre département ? Combien y a-t-il de sous-préfectures ? En y comprenant la préfecture, combien contient-il d'arrondissements ? Quel est votre arrondissement ? A quel canton appartenez-vous ? A quelle commune ? Est-ce une ville (cité) ou une commune *rurale ?* Dans cette commune connaissez-vous quelques bourgades, quelques villages, quelques hameaux ? Nommez-les.

Quelle est la ville très connue de vous ? Nommez les principaux monuments qu'elle renferme ? les principales places ? quelques rues ? Y a-t-il autour de la ville quelques montagnes ou collines ? quelques ravins ? quelques rochers ? quelques bois ? une rivière ? quelques cours d'eau ? quelques ponts ?

Exerc. IV. — *Où est située votre maison ?* (A. M, page 73.) Est-elle isolée, ou groupée avec d'autres maisons ? Vers lequel des quatre points cardinaux la façade est-elle tournée ? La maison est-elle dans une plaine ou sur un coteau ? au bas, à mi-côte ou au sommet d'une colline ? Est-elle bâtie sur un terrain sec ou marécageux, ombragé ou découvert ? Comment vous procurez-vous l'eau nécessaire à la boisson et aux usages domestiques ? Quel chemin suivez-vous pour aller à l'église ? Qui demeure dans votre voisinage, à droite ? à gauche ? Devant votre maison existe-t-il une cour ? une rue ? une place publique ? une route ? un sentier ?

Exerc. V. — Comment s'appelle le curé de votre paroisse ? le maire de votre ville ou de votre village ? Y a-t-il, dans la localité où demeure votre père, un notaire ? un huissier ? un percepteur ? des gendarmes ? un hôpital ? un médecin ? un pharmacien ? un instituteur ? un commissaire de police (ville) ou un garde champêtre (commune rurale) ? — un facteur ? un bureau de poste ?

Exerc. VI. Décrire ce que vous apercevez d'une des fenêtres de l'Institution, en employant les verbes voir, *remarquer, examiner, entre-voir, plonger*, etc. (A. M., page 75), afin de varier le récit.

Exerc. VII. — *Donner pour complème ·direct ou indirect aux verbes suivants l'un des termes du chapitre XIII.* EXEMPLE : franchir un ruisseau. Inspecter, parcourir, remonter, évit   longer, traverser, descendre, flâner, quitter, faucher, tailler, défricher   contourner, vendanger, détourner, paver, macadamiser, faire l'ascensi .n, doubler.

Nota. *Avec ces verbes et leurs compléments composer des propositions complètes, en développant l'idée par le moyen indiqué dans l'Aide-Mémoire, page 70.*

Exerc. VIII. — Exprimer son peu d'attrait pour tel et tel site, paysage, mouvement de terrain, etc., en variant les formules (A. M., p. 75) : EXEMPLE : *je déteste...* l'hiver.

L'élève choisira dans la nomenclature de ce même chapitre XIII ce qui lui inspire répulsion ou ennui.

CHAPITRE XIV. — Noms abstraits (A. M., p. 30).

Exerc. I. — Après explication préalable, l'élève dira (ou écrira) de mémoire : 1º si les termes suivants sont des qualités ou des défauts ; 2º s'ils appartiennent au corps, à l'intelligence ou au cœur ; 3º et enfin quelle est la qualité (ou le défaut) contraire à l'idée exprimée par les noms ci-dessous :

Moquerie, attention, indigence, désespoir, délicatesse, prévenance, docilité, faiblesse, froid, remords, satisfaction, impolitesse, colère, loyauté, autorité, soucis, larcin, vanité, propreté, gaucherie, laideur, nonchalance, économie, bavardage, révolte, activité, hardiesse, ferveur, réserve, gloutonnerie, franchise, brutalité, etc. etc.

Exerc. II. — L'élève donnera l'*adjectif* dérivé de chacun des noms de l'exercice précédent.

Exerc. III. — L'élève formera avec les noms abstraits du chap. XIV (divisés par série de 6, 8, 10) des adverbes correspondants, qui seront des adverbes de *manière* répondant à la question *comment* ? (A. M., pages 59 et 65).

Ces adverbes se forment le plus souvent en ajoutant la finale MENT à l'adjectif lui-même : Sobre : sobreMENT ; utile, utileMENT ; mais quelquefois aussi (et l'expression est plus élégante) en faisant précéder le nom de la préposition AVEC. C'est alors une *locution adverbiale*. EXEMPLE : charitable, charitableMENT ou AVEC *charité*. Quelques adjectifs n'ont même que cette seconde forme d'adverbe, comme *zélé*, *circonspect*, *rusé*, *autoritaire*, etc. En cas de doute, l'élève peut sûrement employer la seconde manière.

Nota. — Le Professeur pourra faire remarquer à l'élève que sur 1700 noms de la langue française terminés par la consonance ION (comme possessION, ambitION, imitatION), 300 à peine expriment un objet matériel que l'on puisse voir, toucher, ayant une forme, une couleur ; tous les autres sont des noms *abstraits* se rapportant à un acte, à un fait, à une qualité, à un défaut, choses qui n'ont ni corps, ni forme, ni couleur.

Cette indication sera utile aux enfants pour saisir plus rapidement la définition de tels mots dans le dictionnaire, et peut-être aussi pour éclairer l'idée générale de la phrase dans laquelle ces mots seront employés.

CHAPITRE XV. — Classiques (A. M., p. 34).

Avant de noyer les enfants dans les détails d'un livre classique (spécialement de l'histoire), ne conviendrait-il pas d'esquisser tout d'abord devant eux les grandes lignes et les principales divisions ? — Ce leur sera une jouissance, lorsqu'ils liront par exemple le récit d'une bataille, de pouvoir le rattacher à l'une des grandes époques indiquées antérieurement par le maître, et rappelées par l'AIDE-MÉMOIRE. — C'est dans ce but que dix pages de la nomenclature se rapportent aux classiques : l'élève, pendant tout le cours de son instruction, et non moins utilement après, les consultera, et un seul mot de cette nomenclature éveillera dans sa mémoire le souvenir des explications orales du professeur, ou des détails étudiés dans le livre de classe.

HISTOIRE SAINTE.

Exerc. 1. — Quelles sont les deux grandes divisions de l'Histoire Sainte ? — Combien d'années compte-t-on pendant l'ANCIEN TESTAMENT ? — En combien d'époques principales divise-t-on les 4,000 années de l'ancien Testament ? — Quelles sont-elles ? — Le déluge a eu lieu combien d'années avant J.-C. ? (*environ 2,500.*) — Abraham vivait combien d'années avant J.-C. ? (*environ 2,000.*) — Moïse ? (*environ 1,500.*) — Saül et David ? (*environ 1,000.*) — Quand eut lieu la captivité de Babylone ? (*587 av. J.-C.*) — Le retour de la captivité ? (*500 av. J.-C. environ ; exactement 536*). — Dans quel livre a-t-on écrit cette histoire ? (*la Bible, ou la sainte Écriture.*)

Quel est le mystère qui a commencé le NOUVEAU TESTAMENT ? — Combien a duré la vie mortelle de Jésus-Christ ? — Combien a duré sa *vie cachée* à Nazareth ? — Sa vie *publique ?* — Comment Jésus-Christ a-t-il prouvé qu'il était le Fils de Dieu ? — Indiquez quelques-uns de ses miracles. — Quelles ont été les principales actions de sa vie publique ?

Exerc. II. — *Classification. A quelle époque de l'ancien ou du nouveau Testament ont eu lieu les faits suivants ?* La construction de la tour de Babel ; Joseph vendu par ses frères ; le massacre des innocents ; les exploits de Samson ; la mort d'Abel ; le sacrifice d'Abraham ; la trahison de saint Pierre ; la mort d'Aman ; le schisme des tribus ; la création des oiseaux ; l'institution de la Pâque ; la sortie de l'arche de Sem, Cham et Japhet ; Esaü et son droit d'aînesse ; la multiplication des pains au désert ; la prise de Jérusalem par Nabuchodonosor ; la pêche miraculeuse ; la première construction du temple de Jérusalem ; Daniel dans la sse aux lions ; la fuite en Egypte ; l'histoire de Job ; le miracle de Josué ; le jeune Samuel dans le Temple ; le premier travail du fer ; la manne ; la résurrection de Lazare ; le voyage du jeune Tobie ; le festin de Balthazar ; le passage de la mer Rouge, etc., etc.

Nota. — Chacun de ces faits pourra être résumé en trois ou quatre phrases, afin d'habituer les élèves à saisir les idées saillantes d'un récit et à les exprimer d'une manière concise. Là aussi, ils trouveront le moyen d'appliquer les conseils donnés dans l'AIDE-MÉMOIRE, page 70.

CHAPITRE XVI. — Histoire ancienne (A. M., p. 32).

L'élève trouvera dans le chapitre de l'Aide-Mémoire la réponse aux questions suivantes; il lui sera avantageux aussi de consulter l'atlas pour y chercher la position des anciens peuples et des villes désignées.

Par qui fut fondé l'empire des Perses ? l'empire chinois ? la ville de Ninive? les Hébreux et les Arabes? Memphis, la première capitale de l'Egypte? Babylone ? Jérusalem ? les Grecs ? les Gaulois ? les Romains ? la ville de Rome ? la ville de Marseille ? les Espagnols ?

Comment l'Amérique a-t-elle pu être peuplée par les descendants de Noé ? (Comment les premiers habitants ont-ils pu s'y introduire ? par quels côtés ?)

Quels sont les trois peuples qui habitaient l'ancienne Gaule (la France actuelle)? Par qui fut envahie la Gaule, et en quelle année ? Quels furent les premiers évêques qui évangélisèrent la Gaule ? (Marseille, Toulouse, Arles, Limoges, Clermont, Angoulême, Tours, Paris.)

D'où venait le chef de tribu qui est considéré comme le premier roi des Francs ?

CHAPITRE XVII. — Histoire de France (A. M., p. 34).

Qui donna son nom à la première race des rois de France ? à la deuxième race ? à la troisième race ? — Quels sont les noms les plus connus parmi les rois mérovingiens ? — Sous quel roi la France devint-elle chrétienne ? — Où et à l'occasion de quelle bataille ?

Quel monarque illustra le plus le nom des Carlovingiens ? Combien fit-il d'expéditions militaires ? (L'élève corrigera la date de la mort de Roland, neveu de Charlemagne, 778 au lieu de 877. *Aide-Mémoire*, p. 35).

Quel fut le roi capétien qui se mit deux fois à la tête de son armée pour aller délivrer Jérusalem ? Qu'appelle-t-on les Croisades ? Combien y en eut-il ?

Quel fut le roi Capétien dont le royaume envahi par les Anglais fut délivré par une jeune fille envoyée de Dieu ? — Comment s'appelle cette héroïque guerrière ? De quelle ville fit-elle lever le siége ? Pourquoi conduisit-elle le roi à Reims ? Où et comment mourut-elle ?

Quel fut le premier roi Bourbon ? Quel fut le dernier roi Bourbon ? Comment sont-ils morts tous les deux ? Quel est le roi Bourbon appelé le Grand Roi ? Nommez quelques-uns de ses ministres, guerriers, marins, évêques célèbres, écrivains ?

A quelle époque vivait sainte Geneviève ? sainte Clotilde ? sainte Radegonde ? Blanche de Castille ? Jeanne d'Arc ? Jeanne Hachette ? Marie Stuart ? Racontez le fait historique qui les a rendues célèbres.

Quels rois avaient pour amis : saint Éloi, l'abbé Suger, le sire de Joinville, Jacques Cœur, Sully, Richelieu, Mazarin ?

A quelles dates ou parties de l'histoire de France correspondent les expressions suivantes : Les maires du palais — la féodalité — le moyen âge — la renaissance — l'histoire moderne ?

Histoire contemporaine. — Comment appelle-t-on cette partie de l'histoire de France qui commence à la révolution de 1789 ? Quels sont les monarques (rois ou empereurs) qui ont régné en France pendant cette période ? Dans quel ordre ont-ils régné ? Dates de leur règne et de leur mort ? — Combien y a-t-il eu de républiques ?

Quel a été le grand crime de la première république ?

Pendant la période de cette histoire contemporaine, quel est le monarque qui a livré le plus de batailles ? Dans quelles capitales étrangères a-t-il fait entrer l'armée française victorieuse ? Quels ont été ses torts envers le Souverain Pontife Pie VII ?

Quelle bataille a fini son règne ? Où est-il mort ?

Sous quel roi la France a-t-elle fait la conquête de l'Algérie ? — Quelles ont été les guerres du second empire ? Dans combien de ces guerres le drapeau français a-t-il été victorieux ? Quelles ont été les trois déplorables expéditions (guerres) de Napoléon III ? (guerre d'Italie — guerre du Mexique — guerre de Prusse).

Quelles ont été les conséquences de ces trois guerres ? (*Triomphe de la révolution italienne, et le Pape dépouillé de ses États — mort sanglante de Maximilien d'Autriche, empereur du Mexique — humiliation et démembrement de la France.*)

Quelles sont les deux provinces et les deux villes importantes perdues par la France après la guerre d'Allemagne ? Quelle lourde rançon avons-nous dû payer ?

Depuis quelle année la France est-elle en république ? Quels ont été jusqu'à ce jour les quatre présidents de la République ?

CHAPITRE XVIII. — Géographie (A. M., p. 38).

Nota. — L'atlas géographique avec le questionnaire qu'il contient dispense d'insérer ici des exercices de mémoire.

CHAPITRE XIX. — Arithmétique (A. M., p. 39).

Nota. — Nous laissons à la petite *arithmétique* des enfants les problèmes élémentaires sur la numération — les chiffres arabes et romains — les quatre règles fondamentales.

Ici nous nous contenterons de quelques exercices pratiques.

1° *Apprendre aux enfants à distinguer les différentes monnaies* (billon, argent, or), — les pièces de 0,05 et de 0,10 c. (sou et deux sous) — les pièces de 0,50 c., 1 fr., 2 fr., 5 fr., — les pièces de 5 fr. (or), 10 fr., 20 fr. (et par curiosité les pièces d'or de 50 fr. et de 100 fr.).

2° *Faire l'échange, par vente et achat simulés, de ces différentes pièces.*

— On a généralement le tort, à notre humble avis, de trop tarder à familiariser les élèves avec la valeur de la monnaie courante. Un exercice aussi intéressant que pratique sera de désigner parmi les enfants de la classe un *marchand*, lui confiant une boîte à compartiments séparés dans lesquels on aura versé un certain nombre de pièces (comptées à l'avance évidemment, et surveillées). Chacun de ses condisciples viendra à tour de rôle avec une pièce ou des sous prêtés par le professeur, acheter un objet — et changer la monnaie.

3° *Faire estimer par les enfants quelques objets d'usage journalier.* — L'estimation ne sera qu'approximative sans doute, mais elle formera le jugement pratique.

Combien coûte votre porte-plume ? votre cahier ? votre ardoise ? votre couteau ? votre porte-monnaie ? votre atlas ? votre verre ? votre catéchisme ? votre histoire sainte ? une livre de pain ? une livre de viande ? un litre de vin ? une bouteille de bière ? une paire de souliers ? une paire de sabots ? une casquette ? un chapeau de paille ? un chapeau de feutre (pour le dimanche) ? un pantalon ? un paletot ? une montre ? etc. etc.

4° *Familiariser les élèves avec les balances et les poids.* — Le Professeur fera peser par les élèves différents objets qu'il placera dans le plateau de la balance, et en estimant à 10, 15 ou 25 centimes le prix du gramme ou de l'hectogramme, il demandera, d'après le poids, le prix de l'objet.

5° *Éléments de géométrie.* — Tracez une ligne droite, oblique, courbe, horizontale, verticale ; deux lignes formant un angle *aigu, droit, obtus* ; — un carré, un rectangle, un losange, un triangle, un cercle, un ovale, un pentagone (5 côtés), un hexagone (6 côtés), un octogone (8 côtés). Tracez (avec le demi-cercle en cuivre ou en corne appelé *rapporteur*) un angle de 25 degrés, de 70°, de 90°, de 110°. Tracez un triangle, et mesurez chacun des trois angles. (Faire remarquer que les degrés des trois angles additionnés doivent toujours donner pour mesure exacte 180° ou la valeur de deux angles droits.)

6° *Mesure des longueurs.* — Mesurez la longueur de la classe, de la table, d'une règle, d'un porte-plume, d'un banc, d'un soulier. — La hauteur d'une chaise, d'une canne, de la porte, de la fenêtre ; — votre taille, la taille de votre voisin de droite. Essayez de donner à vos pas, en marchant, une longueur d'un mètre, et mesurez, par à peu près, au moyen de vos pas, la longueur d'une allée du jardin.

7° *Mesure des surfaces.* — Votre classe est-elle carrée ou rectangulaire ? Quelle est sa longueur ? Quelle est sa largeur ? Multipliez ces deux chiffres l'un par l'autre, et dites quelle est la surface de la classe. (Voir A. M., p. 39, en note, les formules de mesures de *superficie* et de *volume*.)

CHAPITRE XX. — Trois règnes de la nature
(A. M., p. 40).

Exerc. I. — *Classification. A quel règne (division et subdivision) appartiennent les termes suivants :*

La belette, le houblon, la sève, l'abeille, la chaux, le pétrole, le sainfoin, le géranium, la chenille, le serin, le chameau, le pavot, le noyer, un pépin, une racine, l'étain, le sel, le diamant, le cygne, la tortue, le lin, le cassis, l'autruche, le ricin, l'écureuil, le soufre, le plomb, l'aspic, l'hirondelle, le tigre, le lévrier, le granit, le requin, le dahlia, la verveine, l'ajonc, la puce, la guêpe, une graine, le lilas, l'huître, le blé, la fonte, la grenouille, le sable ? etc., etc.

Exerc. II. — ANIMAUX. Combien connaît-on d'espèces de *quadrupèdes* ? quel est le plus gros ? quel est le plus féroce ? nommez-en trois parmi les plus utiles ? parmi les plus légers à la course ? parmi les plus rusés ? — Combien connaît-on d'espèces d'*oiseaux* ? en connaissez-vous un qui soit remarquable par son riche plumage ? par son chant ? par son aptitude à répéter la parole de l'homme ? par sa force ? par sa douceur ? — Combien connaît-on d'espèces de reptiles ? quels sont les plus dangereux ? quelle différence entre une couleuvre et une vipère ? comment peut-on tuer facilement un serpent ? (En lui brisant le dos avec une baguette ou une canne.) — Quel est le nombre des *insectes* connus ? citez-en deux parmi les plus utiles ? quel est celui qui détruit la vigne ? qui ronge les feuilles des arbres ? quel caractère particulier distingue, parmi les animaux, le *paon* ? le *castor* ? la *fourmi* ? l'*abeille* ? le *ver-à-soie* ? l'*araignée* ? la *torpille* ? le *singe* ?

Exerc. III. — VÉGÉTAUX. Combien compte-t-on d'espèces de végétaux ? Nommez 4, 6, 8 arbres à fruit connus de vous (en indiquant la saison où vous mangez leurs fruits) ? quel est le bois d'ouvrage employé pour faire les portes et fenêtres extérieures des maisons ? une table d'écolier ? une table de salon ? un poteau de cloison ? un parquet de rez-de-chaussée ? un parquet de premier étage ? un plancher de grenier ?

Nommez 4, 6, 8 arbustes et arbrisseaux avec fruits et sans fruits ? plantes alimentaires et fourragères ? plantes médicinales ? plantes vénéneuses ? plantes de jardin d'agrément ? — Quelles sont les différentes parties du tronc d'un végétal ? de la fleur ? du fruit ?

Exerc. IV. — MINÉRAUX. Dans quelle couche de terrains trouve-t-on la houille ou charbon de terre ? la terre de votre jardin est-elle *calcaire* ou *argileuse* ? quels sont les ouvriers qui emploient pour leur travail l'argile ? le marbre ? la chaux ? le plâtre ? le grès ? — Quels objets dans votre salle d'étude sont faits avec le cuivre, avec le fer, avec la fonte ? — Avez-vous vu quelques pétrifications ?

CHAPITRE XXI. — Supplément (A. M., p. 82).

Cosmographie. — Qui a créé tous les astres qui brillent au firmament ? Combien en distinguez-vous à *l'œil nu* ? combien les astronomes en comptent-ils avec leurs gros instruments ? Qu'appelle-t-on soleils ou étoiles fixes ? planètes ? satellites ? Qu'appelle-t-on constellations ? Connaissez-vous la *grande Ourse* ? l'étoile du Nord ou *polaire* ? La terre est-elle un astre *brillant* ou un astre *obscur* ? est-elle un soleil ou une planète ? Combien y a-t-il de principales planètes qui tournent autour du soleil ? La *terre* est-elle la plus grosse ? ou la plus petite ? Est-elle la plus rapprochée du soleil ? ou la plus éloignée ?

Quelle est la forme de notre terre ? — quelle est sa grosseur ? Comment est-elle soutenue dans l'air ? Est-elle immobile ? Quels sont ses deux principaux mouvements ?

Montrez, sur un globe terrestre, *les deux pôles* ? le cercle méridien passant par *Paris* et par les deux pôles ? le cercle méridien passant par les deux pôles et par *Saint-Pétersbourg* ? le cercle méridien passant par *Québec* (Canada) et par les deux pôles ? Ces cercles méridiens coupant la terre du Nord au Sud (comme une orange) sont appelés cercles de *longitude*. Il en existe 360. Paris a le nº O ; et à sa droite, vers l'*Est*, 180 se succèdent jusqu'aux *îles Phénix* de l'Océanie, et aussi 180, à sa gauche, vers l'*Ouest*.

Montrez sur le globe le grand cercle de l'équateur, qui coupe la terre de l'Est à l'Ouest ? les autres cercles (dans le même sens) qui passent par *le Caire* ? par Madrid ? par Bruxelles ? par Stockholm ? Comment sont appelés ces cercles au-dessus et au-dessous de l'équateur ? (*Cercles de latitude.*)

Comment indique-t-on la position d'une ville sur la carte ou sur un globe terrestre ? Quelle est la *longitude* de Vienne (Autriche) ? du canal de Suez ? de Saïgon (Annam) ? Sur la carte de France indiquez la position géographique (longitude et latitude) de la ville où est votre Institution ?

Comment appelez-vous l'astre qui tourne autour de la terre ? La lune se montre-t-elle toujours avec la même forme ? En combien de jours tourne-t-elle autour de la terre ? Est-elle éclairée par le soleil toujours de la même manière ? Dessinez sur votre ardoise la position du *soleil*, de la *terre* et de la *lune*, lorsque la lune est nouvelle (ne paraissant pas) ? lorsque la lune est à son premier quartier ? lorsque la lune est dans *son plein* ? on dernier quartier ? — Quelle est la distance de la lune à la terre ? la distance de la terre au soleil ? la distance de la terre à l'étoile fixe la plus rapprochée ?

Quels sont les deux instruments avec lesquels on observe les astres ?

Vapeur. — Qu'arrive-t-il lorsqu'on place sur le feu un vase plein d'eau ? Pourquoi l'eau diminue-t-elle ? Qu'est-ce donc que la vapeur ? Savez-vous combien un litre d'eau produit de litres de vapeur ? (1200.) Si ces 1200 litres de vapeur sont pressés dans un petit espace d'un décimètre cube, ils cherchent à s'échapper et écartent fortement les parois de leur prison (enveloppe) ; comment appelle-t-on ces efforts de la vapeur pour s'échapper et se répandre ? Qui a utilisé, le premier, la vapeur ? (*Denis Papin, en remarquant que la couverture d'une marmite pleine d'eau bouillante était soulevée par la vapeur*). Quelles sont les parties principales d'une machine à vapeur ? Combien de tonnes (1000 kilog.) peut traîner une locomotive ordinaire ? La terre a 10.000 lieues de circonférence ; combien de fois une locomotive qui dure 15 ans pourrait-elle en faire le tour, avant d'être usée ?

Electricité. — Avez-vous vu pendant un orage des éclairs étincelants ? Qu'est-ce que cela ? Avez-vous vu des arbres frappés par la foudre ? qui les a brisés, déchirés, noircis ? — Les hommes ont-ils inventé des instruments pour produire une petite quantité d'électricité ? Quels sont ces instruments ? — Qu'est-ce qu'un électro-aimant ? A quoi sert l'électricité ? Un puissant courant électrique est-il dangereux ? (*Oui, puisque plusieurs fois des hommes ont été foudroyés subitement en touchant un fil de lumière électrique.*)

VARIÉTÉS.

Mon premier voyage d'enfant.

Ce fut un tout petit voyage ; mais la mémoire, après 60 ans, en garde encore le fidèle souvenir.

J'avais quatre ans, et j'ai fait ce voyage, porté sur les bras de mon père : une grave maladie m'avait retenu trois mois couché dans mon petit lit, et, pour la première fois depuis ma guérison, je revoyais le ciel bleu du firmament.

C'était le printemps ; les arbres étaient en fleurs, et dans le petit bois, derrière notre jardin, les oiseaux chantaient.

Mon père s'était assis avec moi sous un cerisier fleuri ; et de sa voix qu'il savait rendre douce quand il parlait à son petit Ludovic, il me disait :

« Regarde, mon enfant, les fleurs blanches sur ces arbres. Les fleurs
« blanches deviendront bientôt de belles cerises rouges, et Ludovic les
« mangera et les trouvera délicieuses.

« Vois maintenant, dans leurs blanches corolles, de petites abeilles;
« elles sucent le doux miel qui est au fond des fleurs. Les pauvres
« abeilles avaient bien faim, car leur ruche était sans miel ; maintenant
« les fleurs les invitent à un savoureux festin.

« Pendant que tu étais malade, une neige froide couvrait ici le jardin.
« Maintenant tout est vert, et au milieu du gazon fleurissent déjà les
« blanches marguerites.

« Mais qui a fait ces fleurs ? Ce n'est pas moi ; ce n'est pas ta maman.

« Écoute la chanson de cette petite alouette que tu vois là-haut mon-
« ter dans le ciel bleu. »

— Moi, j'écoutais ; mais je n'entendais qu'un joyeux gazouillement.

« — Écoute, Ludovic, me dit encore mon père, je vais t'expliquer la
« chanson de l'alouette. Voici ce qu'elle chante : Alouettes, mes sœurs,
« bénissons ensemble le doux Seigneur Dieu qui a fait toutes choses, e'
« le beau soleil, et les fleurs, et les abeilles, et les oiseaux, et l
« hommes. »

— Et moi, un peu incrédule, je lui demandai : « Elle dit tout cela 'a
petite alouette ? Elle sait donc bien son catéchisme ? »

Alors, le visage de mon père devint sérieux, et il me sembl   e
entendre le son grave de sa voix devenue plus lente : « Mon l   vic,
« toutes les créatures chantent la gloire de Dieu : les oiseaux par leur
« chant, les fleurs par leur parfum. C'est là leur prière de reconnaissance.
« Et toi, mon enfant, ne veux-tu pas trouver dans ton cœur une petite
« prière pour ce Dieu qui t'a guéri ; qui a dit au soleil de réchauffer ton
« petit corps amaigri ; aux arbres, de se couvrir de fruits pour toi ; au
« gazon de se parer de ces premières fleurs de la saison ; aux oiseaux de
« chanter pour toi leur plus joyeuse chanson ? Le veux-tu ? »

Et alors, joignant mes petites mains, il me fit répéter après lui cette
prière enfantine que j'ai gardée dans ma mémoire : « O doux Seigneur
« mon Dieu, votre main a écarté la maladie et la mort : merci! Votre
« main a créé le beau soleil qui me réchauffe : merci! Votre main a créé
« la fleur qui s'épanouit, l'abeille qui voltige, l'oiseau qui chante : merci! »

Regardant mon père qui se taisait, je lui demandai : « La prière est-
elle finie ? » — « Que veux-tu ajouter encore ? »

Me jetant à son cou et approchant ma petite bouche bien près de son
oreille, je dis tout bas : « O doux Seigneur mon Dieu, votre main m'a
« donné un papa et une maman que j'aime beaucoup : merci! » J'eus
pour réponse un tendre baiser.

Le voyage était fini. Le petit convalescent, toujours porté sur les bras
de son père, rentra à la maison. Mais dans le cours de ma longue vie
j'ai redit souvent la prière apprise sous le cerisier en fleurs : « O doux
« Seigneur mon Dieu, qui avez créé pour nous toutes les merveilles qui
« charment nos yeux et réjouissent notre cœur, soyez béni, et... merci!! »

Pieuse mort d'un jeune sourd-muet de l'Institution de Poitiers.

Le 4 mai 1885, la maison des sourds-muets de Poitiers était en deuil : Dieu venait d'appeler à lui, à l'anniversaire de sa Première Communion, un enfant qui avait su, pendant les années de sa bien courte vie, mériter l'affectueuse estime de ses maîtres et de ses condisciples.

Nicolas Blois, né à Saint-Sornin-la-Marche, était âgé de 15 ans.

Élève intelligent, modeste, appliqué à ses devoirs, toujours respectueux et soumis, il avait été jugé digne, de bonne heure, d'être admis dans la petite Congrégation des Enfants de Marie.

Sa piété franche et sincère ne s'est jamais démentie.

Constamment fidèle aux pratiques pieuses recommandées aux congréganistes, il n'oubliait ni le signe de croix à son réveil, — ni l'offrande de son cœur à Dieu, le matin, — ni l'acte d'adoration en entrant à la chapelle, — ni la dizaine quotidienne de son chapelet.

Il aimait Marie, et la priait fréquemment dans le modeste oratoire de la Congrégation.

Son âme naïve et confiante lui avait dit souvent : « *Sainte Marie, priez pour nous... maintenant et à l'heure de notre mort.* »

Sa prière devait être entendue : Marie n'oublia pas son enfant à l'heure de la mort.

Le lundi, 27 avril, ce cher enfant fut soudainement atteint d'une maladie qui présenta, dès le début, des symptômes alarmants : une fièvre ardente et un délire prolongé faisaient redouter une méningite.

M. l'Aumônier, profitant de quelques instants lucides, avait confessé, une première fois, le petit malade avec l'espérance de le faire plus complètement lorsque la connaissance serait revenue.

Dans la nuit du mercredi, la maladie, en effet, présentait un caractère moins inquiétant : à l'agitation de la veille avait succédé un grand calme qui ramena la connaissance ; le médecin se trouvait en présence d'une fluxion de poitrine, grave assurément, mais laissant cependant espoir de guérison.

Hélas ! ce n'était qu'un mieux trompeur : jusqu'au samedi soir la fièvre augmenta graduellement, renouvelant toutes les anxiétés.

Le pauvre enfant s'était disposé à recevoir la sainte Communion, le lendemain, premier dimanche du Mois de Marie : ce devait être sa Communion dernière, le saint Viatique.

S'unissant aux prières du prêtre, supportant avec patience sa maladie, offrant à Dieu ses souffrances, baisant le crucifix avec amour, il avait préparé à Jésus dans son cœur un tabernacle purifié, embelli, embaumé comme au jour de sa Première Communion.

Le mal avait fait dans la journée de terribles progrès.

Le moment était venu de fortifier le petit malade par les grâces de l'Extrême-Onction. Ce fut une cérémonie bien touchante et pendant laquelle beaucoup de larmes ont coulé.

Ses condisciples des trois divisions supérieures entouraient le lit du jeune moribond, priant et pleurant.

Pauvre enfant ! comme il était pieux et recueilli !

Il voulut recevoir, tête nue, le Sacrement des malades ; et, pendant que sa bouche murmurait une prière, il présentait de lui-même à M. l'Aumônier ses paupières, ses lèvres, ses mains pour être ointes de l'Huile sainte.

Après cette émouvante cérémonie, ses petits amis vinrent, les uns après les autres, serrer affectueusement la main, et dire un dernier adieu à celui qu'ils ne devront plus revoir qu'au ciel... si leur vie ressemble à la sienne... s'ils meurent saintement comme lui.

Il était quatre heures du soir.

La première partie de la nuit qui suivit fut agitée, car la fièvre devenait intense.

Les Chers Frères qui le veillaient l'entendaient murmurer à plusieurs reprises : « Je vous demande pardon ; je ne le recommence plus. »

— Pourquoi demandes-tu pardon ? lui dit un Frère.

— Parce que je vous ai beaucoup offensé.

Le même Frère, approchant le Crucifix, lui dit que Jésus avait pardonné tous ses péchés.

Et le petit malade reprit :

« Jésus-Christ est le Fils de Dieu... Jésus-Christ aime beaucoup tous les hommes », et l'enfant embrassait avec amour les pieds sacrés de la Croix.

Quelques instants après, alors qu'on le croyait endormi, on l'entendit articuler très nettement les commandements de Dieu et les paroles : « Je confesse à Dieu... » etc. — C'était sa prière du soir.

Puis bientôt après :

« Jésus est bon.... J'irai peut-être au Ciel. »

Le Cher Frère lui répondit : « Ne dis pas peut-être ; tu iras sûrement au Ciel. »

La pensée de Dieu était constamment présente à son esprit, comme le nom sacré de Jésus était souvent sur ses lèvres.

Au milieu de la nuit, il demanda deux fois : « Est-ce minuit ? » et, se rappelant sans doute sa prière habituelle du réveil, il se découvre la tête avec respect, et on surprend le salut touchant de cette âme candide :

« Bonjour, ô Jésus ! »

Puis, comme s'il avait le pressentiment de sa mort très prochaine, il tend la main aux deux Frères qui s'étaient constitués les gardiens de sa dernière nuit :

« Je désire voir la sainte Vierge » ajouta-t-il ; et fixant ses yeux déjà voilés sur l'image de Marie qu'on lui présentait, il récita à deux reprises le « Souvenez-vous » et « Je vous salue, Marie ».

Le lendemain matin, à six heures, M. l'Aumônier put encore lui renouveler la sainte Absolution, posant sur ses lèvres, une dernière fois, le Crucifix.

En présence de tous les Frères, on récita les prières liturgiques de la recommandation de l'âme, car déjà les yeux étaient sans regards, et la respiration entrecoupée annonçait l'heure fatale.

Pendant cette douce agonie que devait à peine troubler une légère contraction du visage, la pieuse assistance redisait, au nom du petit mourant, l'invocation qui lui était si familière : « Sainte Marie... priez pour nous.... à l'heure de notre mort. »

Et il nous semblait voir Marie, à la prière de son enfant, quitter son trône, se pencher sur cette couche où s'éteignait un pauvre petit sourd-muet, prendre cette âme purifiée par la souffrance, et l'introduire en ce séjour, où tous entendent les célestes harmonies, et chantent l'hymne des Bienheureux.

Cher enfant : Au revoir... au Ciel !

Nous avons prié et prierons encore pour toi ; mais, si déjà devant ton âme innocente les portes du Ciel se sont ouvertes, sois, là-haut, le protecteur de ceux qui t'ont connu et aimé sur la terre ; — de tes parents désolés qui te pleurent ; — de tes maîtres qui ont éveillé en ton âme l'intelligence, et en ton cœur la piété ; — de tes condisciples que tu as édifiés par un apostolat précoce.

Obtiens à tous tes frères en infortune, aux jeunes sourds-muets de nos maisons, l'innocence de ta vie... et les consolations de ta mort.

NOTA. — Un second fascicule est en préparation; il est spécialement consacré aux verbes et contient une série de récits, histoires, légendes, etc.

CONSEILS PRATIQUES
POUR L'EMPLOI DE CES EXERCICES

A MESSIEURS LES PROFESSEURS.

« L'AIDE-MÉMOIRE » (1886) n'était point, dans la pensée de l'auteur, un programme complet de cours; moins encore, une nouvelle méthode d'enseignement. Le but était plus modeste : — grouper dans un ordre logique et accessible à l'enfant les nombreux termes usuels dont l'élève doit meubler sa mémoire s'il veut comprendre les lectures courantes, et cela, par le double exercice de la *nomenclature* et de la *classification*; — puis, à l'aide des premières notions de la grammaire, habituer l'écolier à raisonner la correction de la phrase par l'emploi d'une *analyse* réduite aux éléments les plus essentiels.

C'est pour atteindre plus facilement ce but, et éviter à MM. les Professeurs une préparation de devoirs spéciaux, que les exercices variés de ce premier fascicule ont été rédigés, sous forme d'essai et engageant la seule responsabilité personnelle de l'auteur.

Nomenclature. — *Est-il possible d'utiliser, même dès les premières années, les matériaux réunis sous le titre de nomenclature ?* Oui, si, dans les chapitres choisis, on se borne à l'étude et à l'emploi des termes usuels formant les grandes divisions du chapitre; et si, pour les débutants, on associe à chaque nom de choses nouvellement expliqué les articles *un, une, des* — les adjectifs possessifs, *mon, ton son* — la préposition *de* indiquant la propriété. — les *adjectifs* de couleur, de forme, de grandeur, — quelques *verbes* se rapportant à l'idée exprimée par le nom — et enfin quelques adverbes usuels d'*affirmation, de négation, de manière, de lieu, de temps.*

Plus tard, avec le développement progressif de l'intelligence, les notions se compléteront par les divisions secondaires et subdivisions des termes de la nomenclature, — par la classification ou l'association des idées, — par les détails de l'objet, son origine, ses transformations successives, son usage, ses qualités, etc., — par l'emploi varié des différentes formes de langage, *affirmative, négative, impérative, interrogative, exclamative.*

Prenons pour exemple de cette progression l'un des termes les plus simples de la nomenclature, le mot *blouse* (vêtement).

Voici *une* blouse; — *deux, des* blouses; — *ma* blouse; — la blouse *de* Paul; — les blouses *de* Paul et *de* Gustave; — une blouse *noire*; — *cette* blouse est-elle petite? — *Regarde, prends* cette blouse; — frotte *légèrement* la blouse de Victor; — mets cette blouse *sur* la table; — touche les *manches* de la blouse, le *corps*, le *col* de la blouse. — *Qu'est-ce que* la blouse? — *Qui a fait* la blouse? — Avec quelle *étoffe* est faite la blouse? etc., etc.

Dès la fin de la troisième année, un élève ordinaire peut être amené à donner cette définition complète de la blouse : « *C'est un vêtement — d'homme — fait avec une étoffe de coton — par la couturière — pour couvrir le corps* ».

REMARQUES : 1° En abordant chaque chapitre, le professeur expliquera tout d'abord les grandes divisions et subdivisions (que répéteront les élèves); puis, il donnera la notion des mots. Trois moyens peuvent être employés : *montrer l'objet,* ou le *définir,* ou encore *imposer comme devoir* à l'élève l'obligation d'en rechercher lui-même la signification dans le dictionnaire.

6.t l personnel plus lent peut-être, est très profitable, surtout si on laisse à l n a t la facilité d'interroger un condisciple plus avancé, et, à son défaut, un de ses surveillants ou professeurs. Habituons l'élève à questionner.

2º Qu'il y ait, chaque jour, un temps déterminé (20 ou 25 minutes) consacré à l'explication des mots de la nomenclature, en suivant l'ordre des divisions d'un chapitre commencé, mais sans s'astreindre rigoureusement à l'ordre indiqué des chapitres. Ce travail sera rapide, puisque tous les mots d'une même colonne ont un lien idéologique commun qui les enchaîne en les rapportant à une même idée générale.

3º Si la nomenclature a plus particulièrement en vue les *noms*, une place assez importante, on l'aura constaté, est réservée dans les exercices aux *adjectifs* et aux *verbes* qui ont un rapport avec l'idée principale développée dans chaque chapitre.

4º Il sera avantageux d'exiger des enfants quelques courtes phrases dans lesquelles entreront les termes nouveaux précédemment expliqués ; mais, pour cela, qu'ils fassent appel à leur observation personnelle, à un fait dont ils auront été les témoins, afin de sortir du vague et de la banalité des exemples apportés ordinairement par les élèves. C'est à cette composition de phrases que devront servir les adjectifs et les verbes énumérés dans les exercices.

5º Nous comprendrons aussi, sous cette dénomination générale de *nomenclature*, la liste des *adverbes, prépositions, conjonctions* et *interjections* (A. M., p. 58 à 63) dont il faut rendre l'emploi familier.

Classification. — C'est par la classification ou l'association des idées que l'enfant exercera son jugement. La classification *générale* rapportera à l'un des chapitres de la nomenclature divers noms indistinctement présentés ; une classification plus *spéciale* consistera à indiquer à quelle division et subdivision du chapitre appartient ce mot. C'est dans cette dernière que l'élève trouvera les éléments d'une définition exacte, précise et complète. Par exemple : à quel chapitre se rapportent les mots :

— *Gouvernail* ? Rép. : *Voyages*. Sur eau — détails d'un navire, — agrès.

— *Restaurant* ? » *Habitation de l'homme* — maisons pour voyageurs.

— *Or* ? » *Règne minéral* — industrie — métaux.

Qu'est-ce donc que l'or ? — *C'est un métal précieux extrait de la terre par l'industrie de l'homme ; il appartient au règne minéral.* Et ainsi des autres.

Nous développerons la promptitude et la sûreté de jugement du sourd-muet en l'interrogeant à l'improviste, exigeant le classement, dans tel ou tel chapitre, de termes disparates entre eux ; exercice avantageux pour la mémoire et la réflexion, et, de plus, moyen facile d'apprendre à s'orienter dans le petit dictionnaire idéologique de « l'Aide-Mémoire ». La nomenclature est forcément incomplète ; mais si le nom n'est pas mentionné, la place est indiquée par l'idée générale du chapitre.

Analyse (A. M., p. 63 à 68). — L'analyse GRAMMATICALE consistera uniquement à indiquer la nature de tous les mots de la phrase à analyser (nom, article, adj. possessif, etc.), en ayant soin de faire connaître *l'infinitif* du verbe pour que l'enfant s'habitue à chercher et à trouver les verbes, même irréguliers, dans le dictionnaire.

Il apprendra aussi de mémoire : la liste des pronoms personnels, démonstratifs, possessifs, relatifs, indéfinis ; — les formes diverses du comparatif et du superlatif appliquées aux adjectifs, aux verbes et aux adverbes (p. 46) ; — les principaux adverbes de temps, de lieu, de quantité, de manière, etc. (p. 58, 59).

L'analyse LOGIQUE est de beaucoup la plus importante pour la correction de la phrase, sans être pour cela plus difficile. Voici une méthode très simple, personnellement appliquée, et qui a donné des résultats fort satisfaisants :

Ex. : *L'été dernier, un malfaiteur, qui a échappé à toutes les poursuites, en brisant une fenêtre a dérobé à mon oncle, dans sa maison de campagne, tout le linge de ses armoires.*

Traduction et analyse par chiffres (dont la valeur a été indiquée à la première page de ce fascicule) : 5 t — 1 — (prop. dét. 1 — 2 — 4) 5 m — 2 — 4 — 5 l. — 3.

lle p 3 reu ermo deux propositions ; — prop. principale : *L'été dernier, n mal aileur en brisant une fenêtre a dérobé*, etc. ; — prop. complétive détermina-tive, commençant par un pronom relatif : *qui a échappé à toutes les poursuites.*

Prop. princip. : — a dérobé, *verbe*; verbe dérober, 1re conj. au passé indéf.; — qui a dérobé ? un malfaiteur, *sujet* ; — un malfaiteur a dérobé quoi ? tout le linge des armoires ; *compl. dir.* — un malfaiteur a dérobé à qui ? à mon oncle, *comp. indir.*; — a dérobé, QUAND ? l'été dernier, *compl. circonstanciel de temps*; — a dérobé où ? dans sa maison de campagne, *compl. circ. de lieu*; — a dérobé COMMENT ? en brisant une fenêtre, *compl. circonst. de manière.*

Prop. compl. déterminative : a échappé, *verbe*; verbe échapper, 1re conj., passé indéf. — qui a échappé ? un malfaiteur, remplacé par *qui, qui est sujet*; — qui a échappé à quoi ? à toutes les poursuites, *compl. indirect.*

Il sera facile d'appliquer ce même procédé aux propositions les plus simples des débutants : *ma blouse est sale* (1 — 2 — 3 A); *Jules m'a frappé* (1 — 3 — 2). Si, pour plus de simplicité, on conserve la question quoi après le verbe *être* (privilège n'appartenant qu'aux verbes actifs), on corrigera cette formule irrégulière par l'initiale A (attribut) qui sera jointe au chiffre 3.

Il est une autre espèce de complément répondant à l'unique question QUEL ? QUELLE ? c'est le complément *déterminatif.* Pour éviter la confusion, nous le faisons rechercher et indiquer dans une analyse spéciale, à l'exclusion des autres complé-ments. Ce complément déterminatif est représenté par un *adjectif qualificatif.* — ou par un *nom* réuni à un autre nom par les propositions de ou à, ou encore par une *proposition déterminative* complète commençant par un pronom relatif, et qui joue le rôle d'adjectif qualificatif.

EXEMPLES : Défiez-vous d'un cheval *ombrageux.* — Le souvenir *de Jeanne d'Arc* est vivant à Orléans. — Rendez-moi le livre *que je vous ai prêté.* — QUEL cheval ? QUEL souvenir ? QUEL livre ?

Dans les analyses écrites, le *compl. déterminatif* est indiqué par la lettre initiale minuscule *d*; et la proposition déterminative est représentée par une parenthèse renfermant l'initiale D en lettre capitale : ainsi ces trois derniers exemples seront traduits : 2 — 4 d. + 1 d — 2 — 3 A — 5 1. + 1 — 4 — 3 (Prop. D : 3 — 1 — 4 — 2).

Les propositions secondaires, DÉTERMINATIVES, avons-nous dit, n'ont que la va-leur d'un complément déterminatif ordinaire, répondant comme celui-ci à la ques-tion QUEL ? QUELLE ? Aussi, souvent elles pourraient équivalemment être rem-placées par un simple adjectif qualificatif, ou un nom accompagné des prépositions *a, de.* Exemple : Je vous prêterai demain un livre *qui appartient à mon oncle et dont la lecture m'a vivement intéressé.* Les deux propositions secondaires dé-terminatives seraient suffisamment remplacées par ces seuls mots : « Je vous prê-terai demain un livre *fort intéressant de la bibliothèque de mon oncle.* »

Les propositions secondaires, EXPLICATIVES, elles aussi, jouent le rôle de complé-ment du verbe de la proposition principale, et à ce titre elles répondent aux ques-tions ordinaires des compléments directs et circonstanciels : quoi? — quand ? pour-quoi ? etc. Ces sortes de propositions, on le sait, commencent par la conjonction *que* — ou par une locution conjonctive renfermant la conjonction *que* (puisque lorsque, afin que, etc.) — ou par *si, quand, comment, où.*

Tous ces détails sont résumés ici, non point à l'usage de « nos enfants », mais pour que MM. les Professeurs y trouvent quelques indications pouvant servir à rendre familière à nos chers sourds-muets l'analyse élémentaire de la proposition simple et de la phrase complexe.

Nota. — Le maître fera remarquer aux élèves le rôle très important confié, dans une phrase, aux compléments circonstanciels plus nombreux et plus variés que les compléments directs et indirects. — Eux seuls permettent le *développement* d'une idée générale. De là l'importance que nous leur donnons dans l'analyse, et le soin avec lequel nous exigeons de l'enfant l'interrogation quand ? où ? pourquoi ? com-ment ? combien ? Il connaît ainsi la nature de chaque complément circonstanciel et l'applique dans les petits sujets de style qu'il aura à développer.

Pour briser les élèves à cette gymnastique intellectuelle qui favorise singulièrement la réflexion, nous trouvons profit à leur faire composer des phrases, sur des canevas chiffrés semblables aux suivants :

$+1 - 2 = 3$ d $- 5$ l, $+1$ (Prop. D.) 5 l $- 2 - 4 - 3$ d, $+2 - 4 - 3$ (Prop. D).

Sans autre indication, l'écolier saura qu'il doit composer trois phrases : la 1re présentant dans l'ordre demandé un *sujet*, un *verbe*, un *compl. direct* avec *déterminatif*, et un *compl. circonst. de lieu* ; la 2e un *sujet* ayant pour déterminatif une *proposition* commençant par un pronom relatif, un *compl. circonst. de temps*, un *verbe*, un *compl. indir.*, et un *compl. direct* avec *déterminatif* ; la 3e n'a pas de *sujet* exprimé ; c'est donc une forme impérative ; un *verbe*, un *compl. indirect*, un *compl. dir.* avec *proposition déterminative*.

CONCLUSION

1° Puisque la MÉMOIRE est « une faculté qui oublie », ne craignons pas de faire reprendre les exercices de nomenclature déjà expliqués, si l'on veut que la trace demeure profonde dans le souvenir de l'enfant.

2° Puisqu'il importe d'exercer et de former le JUGEMENT de l'enfant en même temps que la MÉMOIRE, favorisons le travail de l'*Association des idées* par de nombreux exercices de *classification*.

3° Puisque nous prétendons élargir quelque peu les horizons d'ordinaire si bornés de nos jeunes élèves, demandons nos *exemples* journaliers au chapitre de la nomenclature en cours d'explication (comme application pratique et contrôle), renonçant aux termes banals trop souvent empruntés au vulgaire matériel de classe.

4° Puisque « ce que le maître fait par lui-même est peu de chose, et ce qu'il fait faire est tout », exigeons de nos élèves un travail *personnel* ; sevrons-les au plus tôt de la *bouillie* préparée par la nourrice, afin de substituer à cette fade nourriture un aliment solide qu'ils devront triturer *eux-mêmes* par une mastication que réclament les organes et facultés dont ils sont doués.

5° Puisque nous désirons que ces chers enfants se familiarisent avec la correction de la phrase, tout en cherchant l'*idée* sous les mots de leur lecture, n'hésitons point à les soumettre à l'utile gymnastique de l'analyse, au moins élémentaire.

Le Professeur qui déjà possède sa méthode et son plan tracé, année par année, pourra, nous semble-t-il, selon les conseils de sa propre expérience, adapter à son enseignement les éléments recueillis dans ces pages. Nous serons suffisamment récompensé de notre travail, si ce modeste AUXILIAIRE a la bonne fortune d'alléger quelque peu la lourde tâche que le dévouement impose à MM. les Professeurs de nos Institutions de Sourds-Muets.

Poitiers, Mai 1891.

POITIERS. — TYPOGRAPHIE OUDIN ET Cie.

TABLE DES EXERCICES

Prix du fascicule. . . . . 0 fr. 40 c.

EN VENTE CHEZ LE MÊME AUTEUR :

(FAUBOURG DE LA TRANCHÉE — POITIERS)

Aide-Mémoire ou Encyclopédie du jeune sourd-muet.

Echos et souvenirs des **Noces d'Or** de l'Institution de Poitiers.

Ladislas le sourd-muet, journal de bord et premières chevauchées d'un pèlerin d'Égypte et de Palestine en 1890.

Promenade d'un touriste au pays de la SCIENCE.

Un mot de Souvenir à la mémoire et à l'œuvre du Frère BERNARD (*phonodactylologie*).

www.ingramcontent.com/pod-product-compliance
Lightning Source LLC
LaVergne TN
LVHW022148080426
835511LV00008B/1319